MA PHILOSOPHIE
de A à B

Andy Warhol

MA PHILOSOPHIE
de A à B

et vice-versa

TRADUIT DE L'AMÉRICAIN
PAR MARIANNE VÉRON

Flammarion

Titre de l'ouvrage original :
THE PHILOSOPHY OF ANDY WARHOL

Editeur original :
Harcourt Brace Jovanovich, New York

Printed in France
ISBN : 2-0801-1906-0

SOMMAIRE

A Pat Hackett, pour avoir si intelligemment extrait et rédigé mes pensées.

A la très belle Brigid Polk, pour avoir été à l'autre bout.

A Bob Colacello, pour avoir tout rassemblé ; et à Steven M. L. Aronson, pour avoir été un rédacteur formidable.

B et moi : Comment Andy se met son Warhol.

A : Je n'ai jamais rappelé les abonnés absents.

Dès mon réveil j'appelle B.

B, c'est n'importe qui pour m'aider à tuer le temps.

B est n'importe qui et je suis personne. B et moi.

J'ai besoin de B parce que je ne supporte pas d'être seul. Sauf quand je dors : là, je ne supporte pas d'être avec quelqu'un.

Dès mon réveil j'appelle B.

— Allô.

— A ? Attends, j'éteins la télé. Et je pisse. J'ai pris un comprimé déshydratant, et ça me fait pisser tous les quarts d'heure.

J'attends que B ait pissé.

— Vas-y, elle dit finalement. Je viens juste de me réveiller. J'ai la bouche sèche.

— Je me réveille chaque matin. J'ouvre les yeux, et je me dis : « Ça y est, ça recommence. »

— Je me lève, parce qu'il faut que j'aille pisser.

— Je ne me rendors jamais, je dis. Cela me paraît un truc dangereux à faire. Une journée entière de vie, c'est comme une journée entière de télévision. La télé ne décroche jamais une fois qu'elle est partie pour la journée, et moi non plus. A la fin de la journée, la journée entière sera un film. Un film pour la télé.

— Je regarde la télévision à la minute où je me lève, dit B. Je regarde les bleus de NBC, puis je change de chaîne et j'observe la différence des couleurs pour voir quelles sont les teintes les plus seyantes au visage. J'apprends par cœur quelques répliques de Barbara Walter, pour pouvoir m'en servir dans ton émission de télé quand tu l'auras. B faisait allusion à la grande ambition insatisfaite de ma vie : une émission régulière à la télé. Je l'appellerai « Rien de spécial ».

— Je me réveille le matin, dit-elle, et je regarde le motif du papier mural. Il y a du gris, et il y a une fleur avec des points noirs autour, et je me demande : est-ce que c'est le papier mural de Bill Blass ? Il est aussi célèbre qu'un tableau. Tu sais ce que tu devrais faire aujourd'hui, A ? Tu devrais chercher le meilleur papier-à-couvrir-des-étagères de tout New York et t'en faire un carton à dessins. Ou bien le faire copier sur tissu et en faire recouvrir une chaise par un tapissier.

Fais déborder les fleurs en relief. Et tu pourrais renforcer avec des coussins. Tu peux faire bien plus de choses avec une chaise qu'avec un tableau.

— Les vingt kilos de riz que j'ai achetés sur un coup de panique sont toujours à côté de mon lit dans leur sac en plastique.

— Les miens aussi, sauf qu'ils sont quarante au lieu de vingt, et ça me rend folle parce que le sac en plastique jure avec mes rideaux.

— Mon oreiller est taché.

— Peut-être que tu t'es mis la tête aux pieds pendant la nuit et que tu as tes règles, suggère B.

— Il faut que j'enlève mes barrettes. J'en emploie cinq : une sous chaque œil, une de chaque côté de la bouche, et une sur le front.

— Tu peux répéter ça ?

— J'ai dit qu'il faut que j'enlève mes barrettes.

Est-ce que B se moquait de mes barrettes ?

— Chaque jour est un jour nouveau, parce que je ne me souviens pas de la veille. Je suis donc reconnaissant à mes barrettes.

— Mon Dieu, elle soupire. Chaque jour est bien un jour nouveau, ça oui. Demain n'est pas tellement important, hier n'était pas tellement important. Ce qui compte vraiment, c'est aujourd'hui. Et la première chose que je me demande, en pensant à aujourd'hui, c'est comment je vais économiser un dollar. J'attends au lit que les gens que je voudrais appeler m'appellent. Ça fait toujours dix *cents* de gagnés.

— Je jaillis de mon lit. Je vais, je viens, en sautillant et en dansant la gigue — n'importe quoi, pour éviter les chocolats à la liqueur répandus sur le sol comme des charges explosives. Mais je finis toujours par en écraser un. Je sens le chocolat...

— JE NE T'ENTENDS PAS. JE NE COMPRENDS PAS CE QUE TU DIS !

— Je disais, c'est une sensation agréable, tout compte fait.

— Je me lève sur la pointe des pieds. J'ai peur de réveiller mes invités, il est tellement tôt, alors quand je glisse sur un chocolat à la liqueur j'ai vraiment horreur de ça parce que ça me rappelle quand on met du miel sur quelque chose et puis, merde, le couteau est sale, et t'en fiche sur le tapis, tu sais comment ça dégouline le miel. En fait, ça devrait sortir d'un truc comme une seringue — comme le ketchup dans un snack d'autoroute.

— Je rampe jusqu'à la salle de bains parce que je ne peux pas sautiller, ni danser la gigue ni marcher sur la pointe des pieds avec un chocolat à la liqueur coincé entre les doigts de pied. Je m'approche du lavabo. Je me redresse lentement et j'enlace le pied de mes deux bras.

— Je ne fais pas comme ça, dit B. J'attrape le chocolat à la liqueur entre mes doigts de pied, et puis je m'assieds en yoga pour essayer de mettre mon pied dans ma bouche et de lécher le reste du chocolat. Puis je saute à cloche-pied dans la salle de bains pour ne pas faire d'autres taches de chocolat par terre. Une fois là, je n'ai plus qu'à lever la jambe pour prendre un bain de pied dans le lavabo.

— Je suis sûr qu'en regardant dans le miroir je ne verrai rien. Les gens disent toujours que je suis un miroir — si un miroir regarde dans un autre miroir, qu'est-ce qu'il peut bien voir ?

— Quand *moi, je* regarde dans le miroir, je sais seulement que je ne me vois pas comme les autres me voient.

— Pourquoi ça, B ?

— Parce que je me regarde comme je veux me voir. Je prends des expressions pour moi toute seule. Je ne prends pas les expressions que les autres me voient prendre. Je ne me tortille pas les lèvres pour demander de l'argent.

— Oh, pas de l'argent, voyons, B ! Cette B-ci est riche, alors elle a l'esprit à sens unique.

— Un critique m'a appelé le Néant Soi-Même — ça n'a certainement pas encouragé mon sens de l'existence. Puis j'ai compris que l'existence elle-même n'est rien, et je me suis senti mieux. Mais je suis encore obsédé par l'idée que je vais regarder dans le miroir, et que je ne verrai personne, rien.

— Je suis obsédée, dit B, par l'idée que je vais regarder dans le miroir et dire : « Ce n'est pas vrai. Comment puis-je avoir cette publicité à mon sujet ? Comment puis-je être l'une des personnes les plus célèbres du monde ? Franchement, regardez-moi ! »

— Jour après jour, je regarde dans le miroir et je vois encore quelque chose — un nouveau bouton. Si le bouton que j'ai sur la pommette droite disparaît, un nouveau fait son apparition sur ma joue gauche, sur ma mâchoire, près de l'oreille, au milieu de mon nez, sous les poils de mes sourcils, juste entre les yeux. Je crois que c'est le même bouton qui se déplace. Je disais la vérité. Si quelqu'un me demandait. « Quel est votre problème ? », je serais obligé de répondre : « Ma peau. »

— Je trempe un coton Johnson & Johnson dans de

l'alcool Johnson & Johnson, et je frotte le coton sur le bouton. Ça sent si bon. Si propre. Si froid. Et pendant que l'alcool sèche, tu sais à quoi je pense ? A rien — comme c'est toujours à la mode, toujours de bon goût. Rien, c'est parfait — après tout, B, c'est le contraire de rien.

— Moi, je ne peux pas penser à rien — ça m'est à peu près impossible, répond B. Je ne peux même pas y penser quand je dors. J'ai fait le plus horrible rêve de ma vie cette nuit. Le pire cauchemar, je veux dire. J'ai rêvé que j'étais à une réunion quelque part, et j'avais une place réservée dans un avion pour rentrer chez moi, mais personne ne voulait m'accompagner. Au lieu de ça, ils me ramenaient sans cesse dans la même maison, pour regarder une œuvre d'art dans une vente de charité. Il fallait que je monte l'escalier et que je regarde tous les tableaux. Et il y avait un homme devant moi qui n'arrêtait pas de dire : « Retournez-vous ! Vous n'avez pas vu celui-ci ! » Je disais : « Oui monsieur. » C'était un mur incurvé qui montait le long d'un escalier incurvé, il était peint en jaune, du bas jusqu'en haut, et le type m'a dit : « Voilà, c'est ce tableau-là. » J'ai dit « oh ». Ensuite je suis partie avec une homme en costume gris et attaché-case qui descendait remettre quinze *cents* dans le parc-mètre, mais sa voiture n'était pas vraiment une voiture, c'était un divan, alors je me suis bien rendu compte que celui-là ne pourrait m'emmener nulle part. C'est à ce moment-là que j'ai essayé d'arrêter une ambulance. Et je me suis retrouvée obligée de retourner à la vente de charité. Un autre homme m'a encore traînée jusqu'au tableau, en disant :

— Mais vous n'avez pas tout vu. — Si, j'ai tout vu. — Vous n'avez pas vu le type en bas qui mettait les quinze *cents* pour sa voiture dans le parcmètre.

J'ai dit : « Hé, c'est pas sa voiture, c'est son divan. Comment voulez-vous que j'aille à l'aéroport sur un divan ? — Vous ne l'avez pas vu sortir un carnet noir de sa poche pour y noter les quinze *cents* ? Il a dit que c'était la réunion la plus longue de sa vie. C'est pour déduire ça des impôts. C'est une œuvre d'art. C'est ça son œuvre : mettre les quinze *cents* dans le parcmètre pour son divan. »

Alors je me suis rendu compte que je n'avais pas d'argent pour payer ma place d'avion — je l'avais réservée et annulée quatre fois. Je suis allée dans une maison de galets près de la plage, et j'ai ramassé des coquillages. J'ai voulu voir si je pourrais pénétrer dans un certain coquillage brisé et j'ai essayé, A, j'ai vraiment essayé. J'ai réussi à introduire le sommet de ma tête et ma barrette dans le trou. Une mèche de cheveux et ma barrette. Je suis retournée à la réunion, et j'ai dit : « Voudriez-vous mettre une hélice au divan de cet homme, pour que je puisse aller à l'aéroport. »

Cette B devait avoir quelque chose qui lui tournait dans la tête. Sinon, pourquoi est-ce qu'elle aurait rêvé comme ça ?

— Moi aussi, j'ai dit, j'ai fait un cauchemar épouvantable la nuit dernière. On m'emmenait dans une clinique. J'étais plus ou moins engagé dans une œuvre de charité pour réconforter des monstres — des gens horriblement défigurés, des gens nés sans nez, des gens qui étaient obligés de porter du plastique sur leur visage parce qu'il n'y avait rien dessous. Il y avait quelqu'un à la clinique qui était chargé d'essayer d'expliquer les problèmes et les habitudes de ces gens, et je me trouvais là, debout, et j'étais obligé d'écouter, et je voulais que ça s'arrête, rien d'autre. Puis je me suis réveillé, et j'ai pensé : « S'il vous plaît, s'il vous plaît, faites que je pense à quelque chose d'autre, n'importe quoi. Je vais me retourner et penser à n'importe quoi d'autre », et je me suis retourné, et je me suis rendormi, et le cauchemar est revenu ! C'était affreux.

Le truc, B, c'est de ne penser à rien. Rien, c'est passionnant, c'est sexy, ce n'est pas embarrassant. Le seul moment où j'ai vraiment envie d'être quelque chose, c'est quand je suis en dehors d'une soirée, pour y entrer.

— Trois soirées sur cinq sont assommantes, c'est forcé. Je fais toujours venir ma voiture de bonne heure pour pouvoir partir si c'est décevant.

J'aurais pu lui dire que si quelque chose est décevant, ce n'est pas rien, car rien, ce n'est pas décevant.

— Quand l'alcool est sec, je suis prêt à appliquer la lotion-couleur-chair-pour-l'acné-et-les-boutons qui ne ressemble à aucune chair que j'aie vue de ma vie, mais qui se rapproche assez de la mienne.

— Je me sers d'un coton-tige pour ça. Tu sais, une chose qui m'excite, c'est d'avoir un coton-tige dans l'oreille. J'adore me nettoyer les oreilles. Je trouve terriblement titillant de trouver un petit bout de cire.

— D'accord, B, d'accord. Alors maintenant, le bouton est couvert. Mais suis-je couvert ? Il faut que je regarde dans le miroir pour en savoir davantage. Rien ne manque. Tout est là. Le regard vide d'émotion, la grâce diffractée...

— Quoi ?

— L'ennui languide, la pâleur consumée...

— La quoi ?

La monstruosité raffinée, l'étonnement résolument passif, la connaissance secrète qui envoûte...

— QUOI ?

— La joie diaprée, les tropismes révélateurs, l'astuce du masque crayeux, l'allure légèrement slave...

— Légèrement...

— L'enfantine naïveté, le charme issu du désespoir, la désinvolture narcissique, la perfection dans le mystère, l'aura ténébreuse de voyeur, vaguement sinistre, la présence pâle, feutrée, magique, la maigreur...

— Arrête une minute. Faut que j'aille pisser.

— La peau albinos. Parcheminée. Reptilienne. Presque bleue...

— Arrête ! Faut que je pisse !

— Les genoux noueux. Les cicatrices en carte routière.

Les longs bras osseux, si blancs qu'ils paraissent chaulés. Les mains saisissantes. Les yeux en tête d'épingle. Les oreilles en banane...

— Les oreilles en banane ? Oh, A !

— Les lèvres grisâtres. La chevelure blanc argent hirsute, douce et métallique. Les veines du cou saillantes autour de l'énorme pomme d'Adam. Tout est là, B. Rien ne manque. Je suis tout ce que dit mon album de presse.

— Bon, est-ce que je peux aller pisser *maintenant* ? J'en ai pour une seconde.

— Dis-moi d'abord, est-ce que ma pomme d'Adam est tellement énorme, B ?

— C'est une masse — un losange, tiens.

Lorsque B eut pissé, on a comparé nos techniques de maquillage. Je ne me maquille pas vraiment, mais j'achète des produits et j'y pense énormément. On en fait tant de publicité qu'il est difficile de ne pas y penser. B parla si longuement de toutes ses « crèmes » que je lui demandai :

— Aimes-tu que des gens t'éjaculent au visage ?

— Est-ce que cela régénère ?

— Tu n'as jamais lu ces histoires de femmes qui emmènent des petits jeunes au théâtre et les font gicler pour s'en tartiner le visage ?

— Elles frottent comme avec une crème de beauté ?

— Oui. Ça resserre les fibres, elles ont l'air rajeuni pour la soirée.

— Ça marche vraiment ? Moi, je me sers du mien. C'est bien mieux, comme ça je peux le faire chez moi avant de sortir. Je me rase sous les bras, je me vaporise du déodorant, je me crème le visage, et je suis fin prête pour la soirée.

— Je ne me rase pas. Je ne transpire pas. Je ne chie même pas, je dis. Je me demandais ce que B trouverait à répondre.

— Alors tu dois être plein de merde. Ha, ha, ha !

— Une fois que je me suis bien vérifié dans le miroir,

j'enfile vite mon caleçon. La nudité est une menace contre mon existence.

— Pas contre la mienne, dit B. En ce moment, je suis entièrement nue, et je contemple les marques d'élastiques sur mes nichons. Je suis en train de regarder la cicatrice de l'abcès que j'ai eu au sternum. Et maintenant, celle de ma jambe, que je me suis faite en tombant dans le jardin quand j'avais six ans.

— Et mes cicatrices, à *moi*, alors ?

— Quoi, tes cicatrices, à *toi* ? dit B. Je vais t'en parler, moi, de tes cicatrices. Je suis convaincue que tu as tourné *Frankestein* rien que pour pouvoir montrer tes cicatrices sur les affiches. Tu fais travailler tes cicatrices pour toi. Après tout pourquoi pas ? C'est ce que tu as de mieux, parce qu'elles prouvent quelque chose. Je trouve toujours ça chouette, d'avoir la preuve.

— Et elles prouvent quoi ?

— Tu as été revolvérisé. Tu as eu le plus grand orgasme de ta vie.

— Que s'est-il passé ?

— C'est arrivé en un éclair.

— Que s'est-il passé ?

— Rappelle-toi comme tu étais gêné à l'hôpital, quand les bonnes sœurs t'ont vu sans tes barrettes ? Et tu t'es remis à collectionner des choses. Les bonnes sœurs t'ont fait collectionner des timbres, comme quand tu étais môme. Elles t'ont aussi fait collectionner les pièces d'argent ?

— Mais tu ne m'as toujours pas dit ce qui s'était passé.

Je voulais que B me le raconte. Si quelqu'un d'autre en parle, j'écoute, j'entends les mots, et je me dis, c'est peut-être vrai.

— Tu étais couché, et Billy Name pleurait, penché au-dessus de toi. Et tu lui demandais de ne pas te faire rire parce que c'était douloureux.

— Et puis... ?

— Tu étais dans une salle du quartier de réanimation,

et tu recevais des cartes et des cadeaux de tout le monde, moi y compris, mais tu ne voulais pas que je vienne te voir parce que tu avais peur que je te vole tes pilules. Et tu disais que la proximité de la mort était comme la proximité de la vie, car la vie est le néant

— Ouais, bon, mais comment est-ce arrivé ?

— La fondatrice de la Société pour le dépeçage des hommes voulait que tu tournes un scénario qu'elle avait écrit et qui ne t'intéressait pas, alors elle est montée dans ton atelier un après-midi. Il y avait plein de gens et tu parlais au téléphone. Tu ne la connaissais pas très bien. Elle est sortie de l'ascenseur et s'est mise à tirer des coups de revolver. Ta mère était vraiment affolée. Tu croyais qu'elle allait mourir. Ton frère a été fantastique, celui qui est prêtre. Il est venu dans ta chambre et t'a appris à faire de la dentelle. Je venais de lui montrer comment faire dans le hall.

— Alors c'est comme ça que j'ai été blessé ?

Pour je ne sais quelle raison, l'idée de B et moi faisant de la dentelle...

Après le maquillage, c'est l'habit qui fait l'homme. Je crois en l'uniforme.

— J'adore les uniformes ! Car s'ils ne sont rien, alors l'habit ne risque pas de faire l'homme. Il vaut bien mieux porter toujours la même chose : on sait que les gens vous aiment pour vous-même et non pour vos vêtements. En tout cas, il est bien plus intéressant de voir où les gens vivent que ce qu'ils portent. Je veux dire, il est plus instructif de voir leurs vêtements sur les dossiers de chaises que sur eux. Tout le monde devrait laisser ses vêtements exposés. Rien ne devrait être caché, sauf ce qu'on ne veut pas laisser voir à sa mère. C'est uniquement pour ça que j'ai peur de mourir.

— Pourquoi ?

— Parce que ma mère viendra chez moi et qu'elle trouvera le vibro-masseur et tout ce que j'ai écrit sur elle dans mon journal.

— Je crois également aux blue-jeans.

— Ce sont les Levi Strauss les mieux coupés, les plus seyants. Personne ne surpassera jamais les premiers blue-jeans. On ne peut pas les acheter usés, il faut les acheter neufs et les culotter soi-même. Pour leur donner cette allure. Il ne faut surtout pas les délaver ni les saloper. Tu connais leur petite poche ? C'est dingue d'avoir cette petite poche, comme pour une pièce en or de vingt dollars.

— Et les blues-jeans français ?

— Non. Ce sont les américains les meilleurs. Levi Strauss. Avec les petits boutons en cuivre. Cloutés pour le soir.

— Comment les entretiens-tu, B ?

— Il faut les laver.

— Tu les repasses ?

— Non, je mets un produit assouplissant. La seule personne qui les repasse, c'est Geraldo Rivera.

Cette conversation sur les blue-jeans me rendait très jaloux. De Levi et de Strauss. J'aurais voulu pouvoir inventer quelque chose comme le blue-jean. Quelque chose dont on se souvienne. Quelque chose de fantastique.

— Je veux mourir en blue-jean, je me suis entendu dire.

— Oh ! A, dit B impulsivement, tu devrais être président ! Si tu étais président, tu aurais quelqu'un pour présider à ta place, n'est-ce pas ?

— Oui.

— Tu serais parfait pour la présidence. Tu filmerais tout en vidéo. Tu aurais une émission nocturne — ta propre émission, en tant que président. Tu ferais venir quelqu'un d'autre, l'autre président qui présiderait pour toi, et il lirait ton journal au peuple, une demi-heure chaque soir. Ce serait juste avant les informations. *Qu'a Fait le Président Aujourd'hui.* Comme ça, il n'y aurait pas d'histoires du genre — le président ne fait rien, ou le président tourne en rond. Chaque jour, il serait obligé de nous dire ce qu'il fait, s'il a eu des rapports sexuels avec sa femme... Tu serais obligé de dire que tu as joué avec ton Archie — c'est un nom parfait pour un chien de président — quelles lois on t'a fait signer, et pourquoi tu ne voulais pas les signer, et qui s'est montré vache avec toi au Congrès... Il te faudrait dire combien d'appels téléphoniques longue distance tu as faits dans la journée, ce que tu as mangé dans la salle à manger privée, tu montrerais à la télévision les reçus de tes dépenses alimentaires personnelles. Tu aurais dans ton cabinet des gens pas du tout politiciens. Robert Scull serait chef de l'Economie parce qu'il saurait acheter tôt et vendre cher. Tu n'aurais pas un seul politicien avec toi. Tu ferais tous les voyages et tu les enregistrerais. Tu passerais tous les enregistrements avec des étrangers à la télé. Et quand tu écrirais une lettre à quelqu'un au Congrès, tu en enverrais une photocopie à tous les journaux.

Tu serais un président plutôt chouette. Tu ne prendrais pas trop de place, tu aurais un tout petit bureau comme celui que tu as maintenant. Tu modifierais la loi pour pouvoir garder tout ce qui te serait donné pendant ton mandat, parce que tu es un collectionneur. Et tu serais le premier président célibataire. Et tu finirais célèbre, en écrivant un livre : *Comment j'ai dirigé le pays sans même essayer.* Ou bien, si ça sonne mal, *Comment j'ai dirigé le pays avec votre aide.* Ça se vendrait peut-être mieux. Pense un peu, si tu étais président maintenant, il n'y aurait plus de Première Dame d'Amérique. Seulement un Premier Homme.

Tu n'aurais pas de bonne à demeure à la Maison-Blanche. Une B viendrait faire le ménage de bonne heure. Et puis les autres Bs viendraient te voir à Washington exactement comme ils viennent à l'usine pour te voir. Ce serait exactement comme à l'usine, entièrement pare-balles. Les visiteurs passeraient après tes coiffeuses. Et tu emmènerais ta coiffeuse ultra-privée avec toi partout. Tu l'imagines dans un gilet gonflable, prête pour la guerre à chaque instant ? Te rends-tu compte qu'il n'y a aucune raison pour que tu ne sois pas président des Etats-Unis ? Tu connais tous les gros bonnets qui pourraient te pistonner, toute la bonne société, tous les gens riches, et personne n'a jamais eu besoin d'autre chose pour devenir président. Je ne comprends pas pourquoi tu ne déposes pas tout de suite ta candidature. Comme ça, les gens te prendraient au sérieux. Chaque fois que tu te regardes dans le miroir, je veux que tu dises : « Politique : Washington D.C. » C'est vrai quoi, arrête de glandouiller avec les Rothschild. Oublie tes longs voyages à Montauk en Rolls. Pense plutôt à un petit hélicoptère qui t'emmènerait à Camp David. Pour un camp, t'aurais un sacré camp. Est-ce que tu te rends compte du côté pratique de la Maison-Blanche ? A, tu es dans la politique, depuis que je te connais. Tu fais tout de manière politique. Faire de la politique, c'est tout aussi bien faire un poster qui représente le visage de Nixon et qui dit « Votez pour McGovern ».

— L'idée, c'était qu'on pouvait voter d'une manière ou de l'autre.

— Comme ça, je pourrais voter pour Andy Warhol si tu mettais la figure de Jasper Johns dessus.

— Bien sûr.

— Alors, à partir de maintenant, c'est « Oui à Andy Warhol ».

— Eh bien, inscris-le.

— On pourrait commencer les tournées à travers le pays. On pourrait ramener les Indiens dans les réserves et leur faire tisser des tapis et chercher des turquoises. Envoyer Rotten Rita et Ondine laver l'or à la batée. Tu imagines la Chambre Bleue entièrement tapissée de boîtes de soupe Campbell ? Parce que c'est bien cela, que les chefs d'Etats étrangers devraient voir, des boîtes de soupe Campbell, Elizabeth Taylor et Marilyn Monroe. Ça c'est l'Amérique. Et c'est ça qu'il devrait y avoir à la Maison-

Blanche. Et puis tu servirais des glaces Dolly Madison. A, essaie de te voir comme te voient les autres.

— A la présidence ?

— Oh ! ce serait tellement bien, avec ton chapeau brun d'hiver, et Archie allongé dans ton bureau, sur ton manteau.

— Hmmmm hmmmm.

— Imagine-toi en train de faire tout ce que tu fais le matin — comme d'ôter tes barrettes — mais à la Maison-Blanche.

— Oh, ça va. Nous avons parlé si longtemps que je n'ai toujours pas ôté mes barrettes.

— Jette-les dans les toilettes.

— D'accord.

— A, si tu rates la présidence, tu pourrais devenir fonctionnaire des Douanes.

— Quoi ? Pourquoi ?

— Rappelle-toi le jour où tu as été fouillé à la douane. Ton sac de voyage était plein de bonbons, de biscuits et de chewing-gum. Et ils ont ri. Tu ne mangeais que des sucreries. Tu étais le plus gros mangeur de sucreries que j'aie jamais connu. Maintenant, tu as des problèmes de vessie et tu es obligé de prendre ces énormes cachets blancs avant chaque repas. Je te dis que tu devrais te la faire enlever.

— Il faut que j'aille faire ma teinture. Je ne l'ai pas encore faite aujourd'hui.

— C'est fou le temps que tu passes chez toi à finasser avec la couleur de tes cheveux, de tes cils et de tes sourcils. Quand nous sommes au téléphone, j'entends toujours quelqu'un d'autre crier dans le fond, « je vais foutre en l'air le Clairol 07 ! ». Je ne pense pas que tu devrais foutre en l'air ta teinture, mais je crois que tu devrais teindre tes deux sourcils de la même couleur. Quand tu restes chez toi au lieu d'aller à l'usine, je suppose que c'est parce que ta perruque est à nettoyer ou en cours de teinture. Elle est toujours pareille, de dos : très crêpée, et j'ai toujours envie de la lisser. Quelquefois, j'ai envie de t'arracher ta perruque, mais je n'arrive jamais à m'y résoudre. Je sais comme tu en souffrirais.

— Au revoir, B.

1
Amour (Puberté)

A : J'aime ton appartement.
B : Il est bien, mais il est juste assez grand pour une personne ou deux personnes très proches.
A : Tu connais deux personnes très proches ?

A une certaine période de ma vie, vers la fin des années 50, j'ai commencé à ressentir que j'endossais les problèmes des gens que je connaissais. Un de mes amis était désespérément engagé dans une liaison avec une femme mariée, un autre m'avait confié qu'il était homosexuel, une femme que j'adorais manifestait de graves signes de schizophrénie. Je n'avais jamais eu le sentiment d'avoir des problèmes, car je n'en avais jamais spécifiquement défini aucun, mais je sentais maintenant que les problèmes de mes amis se répandaient en moi comme des microbes.

Je décidai de suivre un traitement psychiatrique, comme beaucoup de gens que je connaissais. Il me semblait que je devais définir mes propres problèmes — si vraiment j'en avais — plutôt que de partager ceux de mes amis pour compenser.

J'avais eu trois dépressions nerveuses dans mon enfance, espacées d'un an. L'une à l'âge de huit ans, la seconde à neuf ans, et la troisième à dix ans. Les crises — danse de Saint-Guy — commençaient toujours le premier jour des vacances d'été. J'ignore ce que cela signifiait. Je passais l'été entier à écouter la radio, allongé sur mon lit avec ma poupée Charlie McCarthy et mes poupées en carton à découper étalées sur le couvre-lit et sous l'oreiller.

Mon père était souvent en voyage d'affaires dans les mines de charbon, et je ne le voyais guère. Ma mère me lisait des histoires du mieux qu'elle pouvait, avec son fort accent tchèque, et je lui disais toujours « merci maman » quand elle en avait terminé avec Dick Tracy, même si je n'avais pas compris un traître mot. Elle me donnait un chocolat Hershey Bar chaque fois que j'avais fini une page de mon album à colorier.

Quand je pense à mes études secondaires, tout ce que je me rappelle, c'est le long trajet pour me rendre à l'école, à travers tout le ghetto tchèque de McKeesport, Pennsylvania, avec les baboushkas et les tabliers qui séchaient sur des fils. Je n'étais pas terriblement aimé, mais j'avais quelques bons amis. Je n'étais vraiment intime avec personne, et pourtant je pense que j'en avais bien envie — quand je voyais les gosses se raconter leurs problèmes les uns aux autres, je me sentais abandonné. Personne ne se confiait à moi — je n'étais pas le genre de type à qui ils avaient envie de se confier, j'imagine. Nous passions un pont, chaque jour, sous lequel se trouvaient des préservatifs usagés. Je me demandais toujours à voix haute ce que c'était, et les autres riaient.

Un été, j'eus un emploi dans un grand magasin, qui consistait à feuilleter *Vogue, Harper's Bazaar* et des revues de mode européennes pour un homme merveilleux qui s'appelait M. Vollmer. Je recevais quelque chose comme cinquante *cents* par heure, et mon travail consistait à chercher des « idées ». Je ne me souviens pas d'en avoir trouvé une ou eu une. Pour moi, M. Vollmer était une idole parce qu'il venait de New York et ça paraissait passionnant. Pourtant, je n'envisageais pas d'y aller moi-même un jour.

Mais quand j'eus dix-huit ans, un ami me fourra dans un sac publicitaire en plastique et m'emmena à New York. Je voulais encore être proche des gens. Je partageais sans cesse des appartements avec des gens en imaginant que nous pourrions devenir bons amis et partager nos problèmes, mais je finissais toujours par découvrir que tout ce qui les intéressait en moi c'était que je paye une partie du loyer. A une époque, je vécus avec dix-sept personnes dans un appartement en sous-sol, à l'angle de la 103e Rue et de Manhattan Avenue, et pas une seule de ces dix-sept personnes ne partagea un vrai problème avec moi. C'étaient tous des créatifs — on formait plus ou moins une communauté artistique — alors je suis certain qu'ils devaient avoir des tas de problèmes, mais je n'en ai jamais entendu parler. Il y avait pas mal de bagarres dans la cuisine, pour déterminer qui avait acheté quelle rondelle de saucisson, mais c'était à peu près tout. Je travaillais beaucoup à cette époque, alors je n'aurais sûrement pas eu le temps d'écouter leurs problèmes s'ils avaient voulu m'en parler, n'empêche, je me sentais offensé et rejeté.

J'effectuais de vastes tournées à la recherche de travaux toute la journée, et je les exécutais la nuit chez moi. C'était ma vie dans les années 50 : des cartes de vœux et des aquarelles, et puis de temps en temps je lisais des poèmes dans un café.

Ce qui m'a le plus marqué, à part les longues heures que je consacrais au travail, ce sont les cafards. Tous les appartements où j'ai vécu en étaient submergés. Je n'oublierai jamais l'humiliation que j'ai éprouvée un jour en apportant mon carton à dessins au bureau de Carmel Snow, au *Harper's Bazaar* : je ne l'ouvris que pour en voir sortir un cafard, qui alla se promener sur le pied de la table. Carmel Snow en fut tellement désolée pour moi qu'elle me commanda un travail.

J'ai donc vécu avec un nombre incroyable de gens. Maintenant encore, chaque fois que je sors le soir dans New York, je tombe sur quelqu'un avec qui j'ai partagé un appartement, et qui explique invariablement à la personne qui m'accompagne : « J'habitais avec Andy. » Je deviens toujours pâle — je veux dire encore plus pâle. Lorsque la scène s'est répétée un certain nombre de fois, mes amis commencent à se demander comment j'ai pu vivre avec tant de gens, car ils ne connaissent que le solitaire que je suis devenu. Maintenant, les gens qui m'imaginent comme le coureur de soirées des années 60, toujours accompagné d'une « suite » d'au moins six personnes, risquent fort de se demander comment j'ose me qualifier de solitaire, alors laissez-moi vous expliquer ce que j'entends par là, et en quoi c'est justifié. Aux époques de ma vie où je me suis *senti* le plus grégraire, à la recherche d'amitiés exubérantes, je ne trouvais pas preneur, c'est donc aux moments précis où j'étais seul que je désirais le plus vivement ne pas être seul. Dès l'instant où j'ai préféré être seul plutôt que d'avoir à écouter les problèmes des autres, tous les gens que je n'avais jamais vus de ma vie se sont précipités sur moi pour me raconter ce que justement je venais de décider qu'il valait mieux ne pas entendre. C'est du jour où je suis devenu solitaire en esprit, que j'ai eu ce qu'on peut appeler ma suite.

Dès que vous cessez de vouloir quelque chose, vous l'obtenez. J'ai découvert que ce principe était absolu.

Comme j'avais le sentiment d'endosser les problèmes de mes amis, je suis allé voir un psychiatre de Greenwich Village et lui ai parlé de moi. Je lui ai tout dit : l'histoire de ma vie, le fait que je n'avais pas de problèmes propres et que j'assumais ceux de mes amis, et il m'a dit qu'il me rappellerait pour me fixer un rendez-vous, afin que nous puissions poursuivre notre entretien. Et il ne m'a jamais rappelé. En y repensant maintenant, je me rends compte qu'il était bien peu professionnel de me dire qu'il me rappellerait et de ne pas me rappeler.

En revenant de chez le psychiatre, je me suis arrêté chez Macy's et, pris d'une inspiration soudaine, j'ai acheté mon premier téléviseur, un RCA noir et blanc en 54 centimètres. Je l'ai emporté chez moi, dans l'appartement où je vivais seul, dans la 75e rue Est, et j'ai aussitôt oublié le psychiatre. Je laissais la télé allumée sans arrêt, surtout quand les gens me parlaient de leurs problèmes, et je m'aperçus que la télévision me divertissait juste assez pour que les problèmes que me racontaient les gens ne m'affectent plus. C'était comme un truc magique.

Mon appartement était au-dessus du Shirley's Pin Up Bar, où Mabel Mercer venait faire l'extrême faveur de chanter *You're So Adorable,* et la télé situa également cela dans une perspective totalement nouvelle. C'était un immeuble de cinq étages sans ascenseur, et j'y avais au début un appartement au cinquième étage. Puis, lorsque le second étage se trouva libre, je le pris aussi, de telle sorte que j'habitais deux étages — non consécutifs. En fait, une fois que j'eus ma télévision, je restai de plus en plus à l'étage de la télévision.

Dans les années qui suivirent ma décision d'être un solitaire, je devins de plus en plus populaire, et j'eus de plus en plus d'amis. Professionnellement, je m'en tirais bien. J'avais mon propre studio, avec des gens qui travaillaient pour moi. Un arrangement se dessina peu à peu, et ils se mirent à vivre réellement dans mon atelier de travail. En ce temps-là, tout était vague, flexible. Des amis d'amis. On repassait sans cesse les disques de Maria Callas, et il y avait plein de miroirs et de feuilles d'étain.

J'avais déjà fait ma déclaration sur le Pop Art, et j'avais beaucoup de travail, de toiles à faire. Je travaillais de 10 heures à 22 heures, en général, puis je rentrais dormir chez moi et je revenais le lendemain matin. Mais quand j'arrivais le matin, les gens que j'avais quittés la veille au soir étaient toujours là, en pleine forme, avec Maria et les miroirs.

C'est là que j'ai commencé à comprendre comme les gens peuvent être dingues. Par exemple, une fille s'était installée dans l'ascenseur et refusait d'en sortir — ça a duré une semaine jusqu'au jour où plus personne n'a voulu lui apporter de coca. Je ne savais pas quoi faire de ce décor. Puisque je payais le loyer, je me disais bien que ce décor était en quelque sorte le *mien,* mais ne me demandez pas de quoi il s'agissait, car je n'ai jamais pu le découvrir.

L'emplacement était superbe — 47e Rue et Troisième Avenue. On voyait toujours les manifestants se rendre à l'ONU, pour tous les meetings. Un jour, le pape a pris la 47e Rue pour se rendre à Saint-Patrick. Krouchtchev aussi est passé. C'était une bonne rue, bien large. Des gens célèbres s'étaient mis à venir à l'atelier, pour jeter un coup d'œil sur la fête permanente j'imagine — Kerouac, Ginsberg, Fonda et Hopper, Barnett Newman, Judy Garland, les Rolling Stones. Le Velvet Underground avait commencé des répétitions dans un coin, juste avant qu'on ne parte en tournée ensemble, pour une exposition itinérante multi-média, en 1963. On aurait dit que tout commençait à ce moment-là.

La contre-culture, la subculture, le pop, les superstars, les drogues, les lumières, les discothèques — tout ce qu'on peut imaginer de représentatif pour la « jeunesse dans le vent » — ont vraisemblablement commencé là. Il y avait toujours une fête quelque part : si ce n'était pas dans une cave c'était sur un toit, si ce n'était pas dans le métro c'était dans un bus, si ce n'était pas sur un bateau c'était dans la statue de la Liberté. Les gens étaient continuellement en train de s'habiller pour des « parties ». « All Tomorrow's Parties » était le nom d'une chanson que chantaient les Velvet au Dom, quand le Lower East Side commençait tout juste à se dégager de son statut d'immigrant et à devenir « hip ».

A cette époque, tout était extravagant. Il fallait être riche pour pouvoir s'offrir les vêtements pop des boutiques comme Paraphernalia ou des couturiers comme Tiger Morse. Tiger achetait une robe à deux dollars chez Klein's et Mays, elle arrachait le ruban et la fleur, l'emportait dans sa boutique et la vendait quatre cents dollars. Elle avait le génie des accessoires. Elle collait dessus une camelote de chez Woolworth's, et elle demandait cinquante dollars de plus. Elle avait un talent extraordinaire pour détecter, parmi les gens qui entraient dans sa boutique, ceux qui allaient réellement acheter quelque chose. Je l'ai vue jeter un rapide coup d'œil, un jour, sur une femme bien habillée à l'air très bien, et lui dire : « Désolée, il n'y a rien pour vous ici. » Elle savait toujours les repérer. Elle achetait n'importe quoi pourvu que ça brille. C'est elle qui a inventé les robes à lumière électrique dotées de leurs propres piles.

Dans les années 60, tout le monde s'intéressait à tout le monde. La drogue y aidait. Tout le monde se retrouvait soudain égal — les débutantes et les chauffeurs, les serveuses et les gouverneurs. Une de mes amies, qui s'appelait Ingrid et venait du New Jersey, débarqua un jour avec un nouveau nom, qui convenait parfaitement à sa nouvelle carrière mal définie dans le show-business. Elle s'appela « Ingrid Superstar ». J'affirme qu'Ingrid a inventé ce mot. Du moins, j'invite toute personne en possession de coupures de presse qui mentionnent ce mot antérieurement à la création d'Ingrid, à venir me les montrer. Et plus nous allions à ces soirées, plus son nom apparaissait dans les journaux, Ingrid Superstar, et « superstar » commençait son circuit dans les médias. Ingrid m'a appelé, il y a quelques semaines. Elle manipule maintenant une machine à coudre. Mais son nom poursuit son chemin. Cela paraît incroyable, hein ?

Dans les années 60, tout le monde s'intéressait à tout le monde.

Dans les années 70, tout le monde s'est mis à laisser tomber tout le monde.

Les années 60 étaient en pagaille.

Les années 70 sont très vides.

Lorsque j'eus mon premier téléviseur, je cessai de me soucier autant d'avoir des relations intimes avec d'autres gens. J'avais été blessé comme on ne peut l'être que quand on y met tout son cœur. Je suppose donc que je désirais ces amitiés intimes de tout mon cœur, avant que personne ait jamais entendu parler de « Pop

Art », de « films underground » ou de « superstars ».

Donc vers la fin des années 50, j'ai commencé à avoir une liaison avec mon téléviseur — et elle continue encore maintenant — j'en allume jusqu'à quatre à la fois dans ma chambre à coucher. Mais je ne me suis marié qu'en 1964, lorsque j'eus mon premier magnétophone. Ma femme. Il y a maintenant dix ans que nous sommes mariés mon magnétophone et moi. Quand je dis « nous », je parle de mon magnétophone et de moi. Beaucoup de gens ne comprennent pas cela.

L'acquisition de mon magnétophone a vraiment mis fin à tout ce que j'avais pu avoir comme vie émotionnelle, et j'en fus bien content. Rien ne fut plus jamais un problème, car un problème signifiait simplement une bonne bande, et quand un problème se transforme en bonne bande, ce n'est plus un problème. Un problème intéressant était une bande intéressante. Tout le monde le savait et faisait de son mieux pour la bande. On n'aurait pas pu dire quels problèmes étaient réels, ni quels problèmes étaient exagérés pour la bande. Mieux encore, les gens qui vous racontaient leurs problèmes ne pouvaient déterminer s'ils avaient vraiment ces problèmes ou s'ils exécutaient une représentation.

Pendant les années 60, je crois que les gens ont oublié ce que les émotions étaient censées être. Et je ne pense pas qu'ils s'en soient jamais souvenus depuis. Dès l'instant où vous avez vu les émotions sous un certain angle, à mon avis, vous ne pouvez plus jamais les considérer comme réelles. C'est plus ou moins ce qui m'est arrivé.

Je ne sais pas si j'ai jamais été capable d'amour, mais après les années 60 je n'ai plus jamais pensé en termes d' « amour ».

En tout cas, je suis devenu ce qu'on pourrait appeler « fasciné » par certaines gens. Dans les années 60, une personne m'a fasciné plus qu'aucune autre que j'aie connue. Et cette fascination était sûrement très proche d'une certaine forme d'amour.

2
Amour (Premier)

A : Si nous allions nous promener ? Il fait très beau dehors.
B : Non.
A : D'accord.

Taxi venait de Charleston, Caroline du Sud — une débutante très belle et désordonnée qui avait quitté sa famille pour venir à New York. Elle avait une qualité de vide poignant et vulnérable ; en elle se reflétaient les fantasmes intimes de tout le monde. Taxi pouvait être tout ce qu'on voulait — une petite fille, une femme, intelligente, sotte, riche, pauvre — n'importe quoi. Elle était un vide magnifique, extraordinaire. Le fin du fin.

C'était également une menteuse-née ; elle était tout simplement incapable de dire la vérité, à n'importe quel sujet. Et quelle actrice. Elle pouvait vraiment pleurer sur commande. Elle parvenait toujours à être crue — et c'est ainsi qu'elle obtenait tout ce qu'elle voulait.

Taxi inventa la minijupe. Elle s'efforçait de faire croire à sa famille, restée à Charleston, qu'elle pouvait vivre de rien. Elle allait donc à Lower East Side et achetait les vêtements les moins chers — qui se trouvaient être les jupes de petites filles. Et comme elle avait la taille très fine, c'était parfait. Cinquante *cents* pour une jupe. Elle fut la première personne à porter un collant de ballet comme unique vêtement, avec d'immenses boucles d'oreilles comme seul ornement. Elle innovait — par nécessité et par plaisir — et les grandes revues de mode s'inspirèrent aussitôt d'elle. Elle était invraisemblable.

Nous fûmes présentés par un ami commun qui venait

de faire fortune en lançant un nouveau concept d'agencement de cuisines à la télévision, dans des émissions burlesques. Dès la première minute, j'ai vu que Taxi avait plus de problèmes que personne de ma connaissance. Si belle, mais si malade. Je fus réellement intrigué.

Elle vivait sur ses derniers dollars. Elle avait encore un bel appartement à Sutton Place, et elle tapait de temps à autre des amis riches. Comme je l'ai dit, elle pouvait fondre en larmes à volonté et obtenir tout ce qu'elle voulait.

Au début, je n'avais pas la moindre idée du nombre de drogues qu'elle prenait. Mais comme nous nous voyions de plus en plus souvent, je commençai à comprendre que son problème était sérieux.

Le plus important pour elle, à part le fait de prendre des drogues, c'était d'avoir des drogues. De les amasser. Elle sautait dans une limousine pour aller chez Philly en pleurant pendant tout le trajet qu'elle n'avait plus d'amphétamines. Et elle parvenait toujours à les obtenir d'une manière ou d'une autre parce que Taxi était comme ça — elle savait y faire. Puis elle les cachait dans son placard à chaussures qui en abritait déjà un demi-kilo.

L'un de ses riches amis tenta même de l'installer dans les circuits de la mode, pour qu'elle crée ses propres modèles. Il lui avait acheté un atelier dans la 29e Rue, profitant de ce qu'un modéliste tocard voulait quitter la ville en vitesse parce qu'il avait acheté un condominium en Floride. L'ami généreux reprit toute l'affaire, y compris les sept ouvrières à leurs machines, et il amena Taxi pour qu'elle puisse commencer ses créations. Les rouages de l'affaire étaient déjà huilés, il ne lui restait qu'à produire les modèles — à les copier, même, sur les vêtements qu'elle avait déjà conçus pour elle-même.

Elle se retrouva en train de donner des « joints » aux ouvrières et de jouer avec les bocaux de perles, de boutons et de passementerie que le précédent patron avait laissés le long du mur. Inutile de dire que les affaires ne marchaient pas fort. Taxi passait l'essentiel de sa journée à déjeuner chez Reuben's ; elle commandait leurs Celebrity Sandwiches, et puis elle courait les vomir aux toilettes en s'enfonçant les doigts dans la gorge. Elle était obsédée par l'angoisse de grossir. Elle s'offrait des gueuletons pharamineux, et puis elle vomissait. Et puis elle prenait une quadruple dose de barbituriques et dormait pendant quatre jours. Pendant ce temps, ses « amis » venaient « remettre de l'ordre » dans son portefeuille. A son réveil, quatre jours plus tard, elle niait énergiquement le fait d'avoir dormi.

Au début, je croyais que Taxi se contentait d'accumuler des drogues. Je me disais bien que c'était une forme d'égoïsme, mais je pensais qu'elle n'était comme ça qu'avec les drogues. Je la voyais supplier les gens pour obtenir de quoi se payer un joint, et puis filer le cacher tout au fond de son placard à chaussures, dans une petite enveloppe datée. Mais je me suis finalement rendu compte que Taxi était égoïste en tout.

Un jour — elle était encore dans la création de mode — j'allai la voir avec une amie. Il y avait par terre une flopée de chutes de velours et de satin, et mon amie lui demanda si elle pouvait en prendre un morceau — juste de quoi recouvrir un dictionnaire. Il y en avait des milliers, nous pataugions littéralement dans les chiffons, mais Taxi la regarda et répondit : « Le meilleur moment, c'est le matin. Passez donc un matin, vous trouverez bien quelque chose dans la poubelle, juste là, dehors. »

Une autre fois, nous étions en taxi et elle gémissait qu'elle n'avait pas d'argent, qu'elle était pauvre, et elle pleurait. Elle ouvrit son sac pour chercher un Kleenex, et j'aperçus un portefeuille en plastique bourré de billets. Je ne pris pas la peine de lui en faire l'observation — quel intérêt ? Mais je lui demandai le lendemain : « Qu'est-il arrivé à ce portefeuille en plastique bourré de billets que tu avais hier ? » « On me l'a volé hier soir à la discothèque. » Elle ne pouvait jamais dire la vérité.

Taxi amassait des soutiens-gorge. Elle en avait toujours une cinquantaine dans son armoire — des beiges de toutes les nuances possibles, du rose pâle au rose indien et du rouge corail au blanc. Elle n'ôtait jamais l'étiquette du prix, même sur les vêtements qu'elle portait. Un jour, cette même amie qui lui avait demandé un bout de tissu se trouva à court d'argent, et Taxi lui en devait. Elle décida donc de prendre un soutien-gorge qui portait encore l'étiquette de Bendel, et de le rapporter au magasin pour se le faire rembourser. Pendant que Taxi regardait ailleurs, elle le fourra dans son sac. Puis elle se rendit au rayon de lingerie du magasin et expliqua qu'elle rapportait un soutien-gorge pour une amie — il était évident que ce soutien-gorge ne correspondait pas aux mesures de cette fille. La vendeuse disparut dix minutes, revint avec le soutien-gorge et une sorte de registre, et déclara : « Madame, ce soutien-gorge a été acheté en 1956. » Taxi stockait.

Taxi avait une prodigieuse quantité de produits de maquillage dans son sac et dans son placard : cinquante paires de faux cils rangés par ordre de grandeur, cinquante tubes de mascara, vingt pastilles de mascara, toutes les nuances d'ombres à paupières de Revlon — de l'iridescent à l'uni, du mat au brillant —, vingt fards à joues de Max Factor... Elle passait des heures avec ses trousses de maquillage, à étiqueter chaque chose, à épousseter et à frotter ses bouteilles et ses compacts. Tout devait avoir l'air parfait.

Mais elle ne s'intéressait à rien au-dessous du cou.

Elle ne prenait jamais de bain.

Je lui disais : « Taxi, prends un bain. » Je faisais couler l'eau, et elle s'enfermait pendant une heure dans la salle de bains avec son sac. Je criais : « Tu es dans le bain ? — Oui, j'y suis. » Splash, splash. Mais je l'entendais se déplacer sur la pointe des pieds dans la salle de bains ; je regardais par le trou de la serrure, et elle était devant le miroir, à remettre des couches de maquillage sur son visage déjà abondamment tartiné. Elle ne mettait jamais d'eau sur sa figure — seulement des dégraissants, ces petits mouchoirs à jeter dont on se tamponne le visage pour ôter le gras sans abîmer le maquillage. Elle n'utilisait que cela.

Quelques minutes plus tard, je regardais à nouveau par le trou de la serrure, et elle recopiait son carnet d'adresses — ou celui de quelqu'un d'autre, cela n'avait pas d'importance — ou bien elle était assise devant un grand bloc-notes jaune à rayures où elle établissait la liste de tous les hommes avec qui elle avait couché, en les divisant en trois catégories : « couché », « baisé », « peloté ». Si elle se trompait à la dernière ligne et que ça faisait sale, elle déchirait le tout et recommençait depuis le début. Au bout d'une heure, elle sortait de la salle de bains et je lui disais, de manière parfaitement gratuite : « Tu n'as pas pris de bain. — Si, disait-elle. Si, j'en ai pris un. »

Une fois, j'ai dormi dans le même lit que Taxi. Un type la poursuivait, et elle ne voulait pas coucher avec lui. Elle s'était donc glissée dans la chambre à côté, avec moi. Elle s'endormit, et je ne pouvais pas m'arrêter de la regarder — fasciné, mais horrifié. Ses mains rampaient sans relâche, sans pouvoir dormir, sans pouvoir s'immobiliser. Elle se grattait sans cesse, si fort qu'elle se marquait la peau. Trois heures plus tard, elle s'éveilla et déclara immédiatement qu'elle n'avait pas dormi.

Taxi s'éloigna de nous quand elle commença à voir un chanteur-musicien qu'on ne peut décrire que comme le Pop Star Eternel — peut-être même de tous les temps — qui devenait alors célèbre des deux côtés de l'Atlantique ; une sorte d'Elvis Presley pour intellectuels. Elle me manqua bien, mais je songeai qu'il était sans doute préférable qu'il s'occupe d'elle, et qu'il saurait peut-être mieux s'y prendre que nous.

Taxi est morte à Hawaii, il y a quelques années. Un industriel important l'y avait emmenée « pour se reposer ». Je ne l'avais pas revue depuis des années.

3
Amour (Sénilité)

B : *Pourquoi n'es-tu pas venu, hier soir ? Tu es bizarre, depuis quelque temps.*
A : *C'est que, je ne peux plus rencontrer de gens nouveaux. Je suis trop fatigué.*
B : *Bon, mais c'étaient des anciens, et tu n'es pas venu. Tu ne devrais pas regarder autant la télévision.*
A : *Oh, je sais.*
B : *Est-ce un interprète femelle ?*
A : *De quoi ?*
A : *Ce qu'il y a de plus passionnant, c'est de ne pas le faire. Si tu tombes amoureux de quelqu'un et que tu ne le fais jamais, c'est bien plus excitant.*

Les histoires d'amour sont trop prenantes, et elles n'en valent pas la peine. Mais si, pour une quelconque raison, vous trouvez qu'elles en valent la peine, vous devriez alors y consacrer la même dose de temps et d'énergie que l'autre. En d'autres termes : « Je te paierai si tu me paies. »

Les gens ont tellement de problèmes avec l'amour ; toujours à la recherche de celui ou de celle qui sera leur Via Veneto, leur soufflé qui ne retombe pas. Il devrait y avoir des leçons d'amour au cours préparatoire. Il devrait y avoir des leçons de beauté, d'amour, et de sexe. L'amour étant le cours principal. J'ai toujours pensé qu'il faudrait montrer aux gosses comment on fait l'amour, et leur dire et leur prouver une fois pour toutes que ce n'est rien. Mais ils ne veulent pas le faire, parce que l'amour et le sexe sont de bonnes affaires.

Et puis je me dis que c'est peut-être aussi bien, que personne ne vous sorte de la pénombre, parce que si on connaissait toute l'histoire, on n'aurait plus rien à rêver ni à imaginer jusqu'à la fin de ses jours, et on pourrait devenir fou, à force de n'avoir rien à penser, surtout maintenant que la vie s'allonge et qu'il reste davantage de temps après la puberté pour la vie sexuelle.

La puberté ne m'a pas laissé grand souvenir. J'en ai sans doute raté une bonne partie quand j'étais malade, au lit avec ma poupée Charlie McCarthy, tout comme j'ai raté *Blanche-Neige*. Je n'ai pas vu *Blanche-Neige* avant l'âge de quarante-cinq ans, quand j'y suis allé avec Roman Polanski, au Lincoln Center. C'était sûrement une bonne chose que j'aie attendu, car je ne peux pas imaginer que ç'ait pu être plus passionnant qu'alors. J'en tirai l'idée que, au lieu d'avertir les enfants très jeunes sur les mécanismes et le néant du sexe, il serait bien plus intéressant de leur en révéler brutalement tous les détails à l'âge de quarante ans. Vous marcheriez dans la rue avec un ami qui vient d'atteindre la quarantaine, balayeriez l'histoire des fleurs et des papillons, attendriez que le premier choc d'apprendre où-va-quoi se passe, et puis vous lui expliqueriez patiemment le reste. Et soudain, à quarante ans, leur vie prendrait un nouveau sens. Nous devrions rester bébés bien plus longtemps, maintenant que nous vivons plus longtemps.

C'est la perspective d'une vie plus longue qui rejette toutes les vieilles valeurs et leurs applications par-dessus les moulins. Quand les gens découvraient le sexe à quinze ans et mouraient à trente-cinq, ils avaient évidemment moins de problèmes que ceux d'aujourd'hui, qui découvrent le sexe vers huit ans et vivent jusqu'à quatre-vingts ans. C'est bien long, pour manier un seul concept. Un seul concept rasant.

Les parents qui aiment vraiment leurs enfants et qui veulent leur éviter au maximum d'avoir une vie ennuyeuse et insatisfaite, devraient revenir en arrière et ne leur permettre de sortir que le plus tard possible, pour qu'ils aient plus longtemps quelque chose à espérer.

De toute manière, le sexe est plus excitant sur l'écran et entre les pages qu'entre les draps. Que les gosses lisent tout cela, et l'attendent, et puis juste avant qu'ils ne plongent dans la réalité, annoncez-leur qu'ils ont déjà eu le meilleur, et que c'est déjà derrière eux.

L'amour est bien meilleur en imagination qu'en réalité. Ne jamais le faire est très excitant — les attirances les plus fascinantes se produisent entre gens qui ne se rencontrent pas.

J'adore tous les mouvements de libération, parce que après la libération tout ce qui avait constitué une mystique devient compréhensible et ennuyeux, et plus personne ne se sent rejeté s'il est en dehors de ce qui se passe. Ainsi, les gens seuls qui cherchaient un mari ou une femme se sentaient délaissés parce que l'image du mariage paraissait autrefois merveilleuse. Jane Wyatt et Robert Young. Nick et Nora Charles. Ethel et Fred Mertz. Dagwood et Blondie.

Etre marié semblait si merveilleux que la vie paraissait invivable si l'on n'avait pas la chance de trouver un mari ou une femme. Aux yeux des gens seuls, le mariage semblait merveilleux, la corde au cou extraordinaire, et le sexe devait nécessairement être prodigieux — personne ne pouvait jamais trouver le mot juste pour en parler parce qu'il fallait « y être » pour comprendre à quel point c'était merveilleux. On aurait presque dit une conspiration des gens mariés pour ne pas révéler que le mariage n'était pas nécessairement idyllique ni le sexe prodigieux, s'ils avaient été plus francs, ils auraient pu soulager considérablement les célibataires.

Mais le secret des lits trop étroits pour deux et de la mauvaise haleine au réveil a toujours été bien gardé.

Il y a beaucoup de chansons sur l'amour. Mais j'ai été ravi, l'autre jour, lorsque quelqu'un m'a envoyé par la poste les paroles d'une chanson qui disait que rien ne l'intéressait, que je ne l'intéressais pas non plus. C'était très bon. Il exprimait très bien l'idée que vraiment il s'en fichait.

Je ne vois rien de mal à être seul. Moi, je trouve ça formidable. Les gens font toute une histoire de l'amour personnel. Mais il n'est pas besoin d'en faire une telle affaire. Même chose pour la vie — les gens en font toute une histoire aussi. Mais la vie personnelle et l'amour personnel sont les deux sujets qui n'intéressent pas le sage de type oriental.

Je me demande s'il est possible de vivre une histoire d'amour qui dure toute la vie. Si vous êtes mariés depuis trente ans et que vous « préparez le petit déjeuner pour celui que vous aimez », est-ce que son cœur cesse de battre quand il entre ? Je veux dire, un matin ordinaire, bien sûr. J'imagine que son cœur cesse surtout de battre à cause du petit déjeuner. Et c'est bien. C'est bien, d'avoir un petit déjeuner préparé exprès pour vous.

Le prix exorbitant dont on paie l'amour, c'est d'avoir toujours quelqu'un dans les parages ; on ne peut jamais être seul — ce qui est toujours bien plus agréable. Le plus gros inconvénient, c'est évidemment de n'avoir pas assez de place au lit. Même un chat ou un chien s'infiltre dans votre chambre.

Je crois dans les longues fiançailles. Plus elles sont longues et mieux c'est.

L'amour et le sexe peuvent aller de pair, aussi le sexe et le manque d'amour, ou l'amour et l'absence de sexe. Mais l'amour personnel et le sexe personnel sont mauvais.

On peut être aussi fidèle à un lieu ou à une chose qu'à une personne. Un endroit peut vous faire battre le cœur, surtout si vous avez pris l'avion pour y aller.

Maman me disait toujours de ne pas m'inquiéter pour ce qui est de l'amour, mais surtout de me marier. Mais j'ai toujours su que je ne me marierai jamais, parce que je ne veux pas d'enfants ; je ne veux pas qu'ils aient les mêmes problèmes que moi. Je pense que personne ne mérite pareille chose.

Je pense beaucoup aux gens qui sont censés n'avoir aucun problème, qui se marient et vivent et meurent et tout était formidable. Je ne connais personne de ce genre. Ils ont toujours des problèmes, même si c'est simplement que la chasse d'eau ne marche pas.

Pour moi, la femme idéale aurait beaucoup d'oseille, qu'elle rapporterait intégralement à la maison, et elle aurait une chaîne de télévision à elle.

J'ai toujours été fasciné en regardant les vieux films de guerre où les filles épousent des types à l'autre bout du monde par procuration ; elles annoncent au téléphone : « Je t'entends mon chéri », et j'ai toujours imaginé comme ce serait formidable qu'ils restent toujours ainsi ; ils seraient tellement heureux. J'imagine qu'elles voulaient surtout le chèque mensuel.

J'ai une amie téléphonique. Nous avons une relation téléphonique permanente depuis six ans. Je vis à un bout de la ville, et elle à l'autre. C'est un arrangement merveilleux : nous n'avons pas à nous infliger nos haleines fétides respectives le matin, et nous prenons quand même de délicieux petits déjeuners ensemble, comme n'importe quel autre couple heureux. Je suis à un bout de la ville, dans ma cuisine, en train de me préparer un thé à la menthe et un petit pain anglais doré à point avec de la confiture d'orange, et elle se trouve à l'autre bout de la ville, à attendre que le garçon du café d'en bas lui apporte un café léger avec un pain au lait grillé, du beurre et du miel. Nous passons les heures ensoleillées de la matinée à bavarder, avec le téléphone niché au creux du cou, et nous pouvons nous en aller ou raccrocher quand nous voulons. Nous n'avons pas à nous soucier des enfants, uniquement des fils du téléphone. Nous nous comprenons. Elle a épousé une pédale forcenée voici douze ans, et n'a cessé depuis lors d'attendre l'annulation, bien qu'elle déclare aux gens qui l'interrogent qu'il est mort dans une fosse à purin.

Le symptôme de l'amour, c'est quand la chimie se dérègle en vous. Alors il doit y avoir quelque chose d'amoureux, car votre chimie vous alerte.

J'ai fait tout ce que j'ai pu dans ma jeunesse pour me documenter sur l'amour et, comme ce n'était pas enseigné à l'école, je me suis tourné vers le cinéma pour essayer de voir ce que c'est que l'amour, et ce qu'il faut en faire. A cette époque-là, on apprenait effectivement quelque chose sur un certain genre d'amour en allant au cinéma, mais ce n'était vraiment pas utilisable. Par exemple, je regardais récemment à la télé la version 1961 de *Back Street*, avec John Gavin et Susan Hayward, et j'étais sérieusement effaré de les entendre répéter comme chaque précieux moment passé ensemble était merveilleux, faisant de chaque précieux moment le témoignage de chaque précieux moment.

Mais j'ai toujours pensé que le cinéma pouvait bien davantage vous montrer ce qui se passait entre deux personnes, et donc aider les gens qui ne comprennent pas à savoir que faire, à savoir quelles possibilités leur sont offertes.

Ce que j'ai essayé de faire dans mes premiers films, c'est de montrer comment les gens peuvent rencontrer d'autres gens, et ce qu'ils peuvent faire, ce qu'ils peuvent se dire. C'était là toute l'idée : deux personnes faisant connaissance. Et quand on le voyait, qu'on voyait l'extrême simplicité de tout cela, on apprenait ce dont il s'agissait. Ces films montraient comment certaines personnes agissent et réagissent avec d'autres personnes. C'étaient des exemples sociologiques, en quelque sorte, des documentaires. Si vous pensiez qu'ils s'appliquaient à vous, c'étaient des exemples, et sinon, c'était au moins instructif, on pouvait l'appliquer à des gens qu'on connaisnaissait et résoudre ainsi certaines questions qu'on se posait à leur sujet.

Dans *Tub Girls*, par exemple, les filles devaient prendre un bain avec d'autres gens, et elles apprenaient ainsi à se trouver dans une baignoire en compagnie d'autres gens. Pendant que nous tournions *Tub Girls*, elles faisaient connaissance dans la baignoire. Et chaque fille devait transporter sa baignoire jusqu'à la personne avec qui elle devait prendre son bain suivant ; elle mettait donc la baignoire sous son bras et la transportait ainsi... Nous utilisions une baignoire en plastique transparent.

Je n'ai jamais éprouvé l'envie de faire des films simplement sexuels. Si j'avais voulu en faire un, j'aurais filmé une fleur donnant naissance à une autre fleur. Et la plus belle histoire d'amour, c'est celle de deux oiseaux en cage.

Le plus bel amour, c'est l'amour auquel-on-ne-pense-pas. Certaines personnes peuvent faire l'amour en se vidant totalement l'esprit pour ne plus être que sexe ; d'autres ne peuvent jamais se libérer complètement, et se disent tout en faisant l'amour : « Est-ce vraiment moi ? Suis-je bien en train de me conduire ainsi ? C'est curieux. Je ne le faisais pas il y a cinq minutes. Dans un petit moment, je ne le ferai plus. Que dirait maman ? Comment peut-on seulement imaginer de se comporter ainsi ? » La première catégorie — ceux qui peuvent vider totalement leur esprit et ne plus être que sexe sans même y penser — est bien mieux nantie. Ceux de la seconde catégorie sont obligés de trouver autre chose pour se détendre et s'y perdre. Pour moi, cette autre chose est l'humour.

Les gens drôles sont les seuls qui m'intéressent vraiment ; dès qu'ils cessent d'être drôles les gens m'ennuient. Mais si vous êtes surtout attiré par quelqu'un de vraiment drôle, vous allez avoir des problèmes, parce que la drôlerie n'est pas sexy et, finalement, lorsque approche le moment de vérité, vous n'êtes pas vraiment attiré et vous ne pouvez pas « le faire ».

Mais j'aime mieux rire au lit que faire l'amour. Se glisser sous les couvertures et raconter des blagues, c'est à mon avis le meilleur moyen. « Est-ce que je m'en tire bien ? Formidable, c'était très drôle. — Tu m'as vraiment fait rire, dis donc. »

Si j'allais voir une belle de nuit, je la paierais sans doute pour me raconter des histoires drôles.

Il arrive parfois que le sexe ne s'émousse pas. J'ai vu des cas où des couples ne se lassaient pas de leur vie sexuelle au cours des années.

Les couples finissent par se ressembler quand ils restent longtemps ensemble, parce qu'on aime bien l'autre et qu'on prend ses manies et ses bonnes petites habitudes. Et qu'on mange la même nourriture.

Nous avons tous une idée différente de l'amour. J'ai connu une fille qui disait : « J'ai su qu'il m'aimait quand il s'est retenu de jouir dans ma bouche. »

Au fil des ans, je m'en suis mieux sorti avec l'amour qu'avec la jalousie. J'ai sans cesse des crises de jalousie. Ma main droite est jalouse si ma main gauche peint une belle toile. Si ma jambe gauche danse bien, ma jambe droite s'enflamme de jalousie. La jalousie s'empare de ma joue gauche si je mange quelque chose de bon du côté droit. Je suis jaloux à table si quelqu'un a une meilleure idée de plat à commander que moi. Je suis jaloux des Instamatic flous de quelqu'un même si j'ai d'excellents Polaroïd de la même scène. Je deviens fou quand je n'ai pas le premier choix en tout. Il m'arrive très souvent de faire des choses que je n'ai aucune envie de faire, simplement parce que je crève de jalousie à l'idée que quelqu'un d'autre pourrait le faire à ma place. En vérité, je passe mon temps à essayer d'acheter des choses et des gens pour la seule raison que je suis jaloux à l'idée que quelqu'un d'autre risque de les acheter, et qu'ils puissent se révéler valables. C'est une des histoires de ma vie. Les rares fois où je suis passé à la télévision, j'ai été si jaloux de l'animateur que je n'ai pas su prononcer un seul mot. Dès l'instant où les caméras de télévision s'allument, je n'ai plus qu'une idée : « Je veux mon émission à moi... Je veux mon émission à moi. »

Je deviens anxieux quand j'ai l'impression que quelqu'un s'éprend de moi. Chaque fois que j'ai une « idylle », je deviens tellement anxieux que j'emmène le bureau avec moi. Ce qui représente en général cinq ou six personnes. Ils viennent tous me chercher, et nous allons ensemble la chercher. Si tu m'aimes, tu aimes mon bureau.

Tout le monde finit par se tromper dans ses embrassades et ses vœux de bonne nuit. Une façon de remercier le bureau pour les séances de chaperonnage, c'est d'aller aussi chaperonner leurs rendez-vous. Il y en a un ou deux qui sont contents d'en profiter, car ils sont un peu comme moi, ils veulent que rien ne se produise. Quand je suis là, me disent-ils, rien se produit. Je fais rien se produire. Partout où je vais. Et je vois très bien quand l'un d'entre eux est heureux de me voir entrer parce que quelque chose se produit et qu'ils sont impatients de me voir faire en sorte que rien ne se produise. Surtout quand ils sont coincés en Italie, on sait comme les Italiens aiment faire survenir quelque chose. Je suis l'antidote évident.

Les gens devraient tomber amoureux les yeux fermés. Fermez les yeux. Ne regardez pas.

Je connais des gens qui consacrent une partie importante de leur temps à imaginer de nouvelles séductions. J'ai longtemps cru que seuls les gens oisifs avaient le temps de penser à ce genre de choses, mais j'ai finalement compris que beaucoup de gens se servent du temps des autres pour leurs rêves de séduction. La plupart des employés de bureau sont payés, alors qu'ils rêvent à longueur de journée au moyen d'accroître leur séduction.

Je crois aux lumières tamisées et aux miroirs truqués. Une personne a le droit de choisir la lumière qui lui convient. Et puis si vous n'avez découvert le sexe qu'à l'âge de quarante ans, comme je l'ai déjà suggéré, il vaut mieux croire aux lumières tamisées et aux miroirs truqués.

L'amour peut s'acheter et se vendre. Une des anciennes superstars pleurait toujours quand un homme qu'elle aimait la jetait hors de son atelier, et je lui disais chaque fois : « Ne t'inquiète pas. Un jour tu vas être célèbre, et tu pourras te l'offrir. »

Brigitte Bardot fut l'une des premières femmes vraiment modernes, capable de traiter les hommes en objets sexuels, de les acheter puis de les jeter. J'aime beaucoup cela.

Les filles les plus élégantes, à l'heure actuelle, sont les belles de nuit. Elles s'habillent mieux que personne. Elles ont pendant longtemps été en retard de plusieurs modes, mais elles sont maintenant les premières à descendre la dernière mode dans la rue. Elles ont pris de l'expérience. Les filles les plus intelligentes, à l'heure actuelle, sont les belles de nuit. Ce sont aussi les plus libérées. Mais elles traînent toujours ces affreux petits sacs en bandoulière.

Je trouve très divertissant de penser au sexe et à la nostalgie. Je me promenais un jour dans le West Side, aux alentours de la 42e Rue, du côté des bouges minables, et je regardais les photos des filles exposées près de la porte. L'une des vitrines rappelait de manière frappante les années 50, mais les photos n'étaient absolument pas jaunies et je me demandais si ces filles-là se trouvaient maintenant à l'intérieur, ou bien si c'étaient de vieilles photos qu'on avait laissées là alors que les filles à l'intérieur étaient des ex-hippies fatiguées, et non plus le genre Mamie Van Doren. Je ne pouvais vraiment pas deviner. L'établissement pouvait fort bien s'adresser à une foule de nostalgiques qui venaient retrouver là le genre de filles qu'ils avaient essayé de draguer dans les années 50.

Tout change si vite qu'on n'a aucune chance de retrouver intacte l'image de ses rêves quand on est enfin prêt à l'affronter. Que deviennent tous ces petits garçons qui rêvaient de filles en magnifiques soutiens-gorge de dentelle et culottes de soie ? Ils n'ont aucune chance de trouver ce qu'ils ont toujours attendu, à moins que la fille ait justement fait une virée au rayon des soldes dans un bazar de province — et c'est encore pire.

Les fantasmes et les vêtements vont souvent de pair, mais le temps et les mœurs ont secoué tout cela. A l'époque où les fabricants de vêtements faisaient de bons habits en bon tissu, un brave type qui s'achetait un costume ou une chemise sans se soucier d'autre chose que « Ça tombe bien ? », avait toutes les chances de se retrouver avec un costume seyant et bien fini, coupé dans un beau tissu.

Mais la main-d'œuvre est devenue hors de prix, et les fabricants ont commencé à réduire les frais de finition d'année en année, pour le même prix, sans que personne se plaigne ; alors ils ont poussé, ils poussent jusqu'à l'extrême limite, pour voir jusqu'où ils peuvent aller avant que les gens ne commencent à dire : « Vous appelez ça une chemise ? » Les fabricants de vêtements à bon marché donnent vraiment de la saloperie à leurs clients, à l'heure actuelle. En plus de l'horrible manière dont les vêtements sont fabriqués — coutures à points trop longs et mal raccordées, suppression des doublures et des pinces — ils sont faits en matières synthétiques hideuses du premier au dernier regard. (A mon avis, le nylon est le seul bon tissu synthétique.)

A l'heure actuelle, il faut être très prudent dans ses achats, sans quoi on se retrouve avec des saloperies qu'on a payées très cher. Cela signifie que, *quand on voit des gens bien habillés, c'est qu'ils se préoccupent beaucoup de leurs vêtements et de leur apparence.* Et alors ça gâche tout, car on ne devrait pas tant se préoccuper de son apparence. Même chose pour les filles, mais à un moindre niveau — elles peuvent prendre un peu plus de soin d'elles-mêmes sans devenir pour autant antipathiques, car elles sont naturellement plus jolies. Mais un homme qui se soucie de son apparence se donne en général beaucoup de mal pour être séduisant, et c'est très antipathique chez un homme.

Ainsi donc, si vous rencontrez dans la rue quelqu'un qui ressemble à vos rêves d'adolescence, ce n'est sans doute pas votre rêve, mais plutôt quelqu'un qui avait le même rêve que vous et qui a décidé, au lieu de le retrouver ou de le devenir, de *lui ressembler* — et qui est donc allé acheter dans un magasin l'apparence que vous aimez tous deux. Alors n'y pensez plus.

Rappelez-vous plutôt tous les James Dean — et songez à ce qu'ils signifient.

Truman Capote m'a dit un jour que certains comportements sexuels étaient des pures manifestations de nostalgie, et je crois que c'est vrai. D'autres comportements sexuels comportent de la nostalgie, à des degrés variables, mais je pense qu'on peut affirmer sans risque d'erreur que le sexe comporte toujours une part de nostalgie pour une chose ou une autre.

Le sexe est parfois la nostalgie de l'époque où vous le convoitiez.

Le sexe est la nostalgie du sexe.

Certaines personnes trouvent la violence sexuellement excitante, mais je ne l'ai jamais compris.

L' « amour » avait toujours un bon numéro dans le livre de rêves de maman. Quand j'étais petit, maman jouait à la loterie, et je me souviens qu'elle avait un livre de rêves et qu'elle y cherchait son rêve ; le livre lui disait si c'était un bon rêve ou non, et les rêves portaient des numéros, que maman jouait à la loterie. Les rêves d' « amour » avaient toujours un bon numéro.

Quand vous voulez ressembler à quelque chose, c'est que vous l'aimez vraiment. Quand vous voulez ressembler à une pierre, c'est que vous aimez vraiment cette pierre. J'aime les idoles en plastique.

Les gens qui ont un joli sourire me fascinent. Comment ne pas se demander ce qui les fait sourire si joliment.

Les gens ont l'air particulièrement embrassables quand ils ne portent pas de maquillage. Les lèvres de Marilyn n'étaient pas embrassables, mais elles étaient très photographiables.

L'un de mes films, *Women in Revolt*, s'appelait à l'origine *Sex*, et je ne me rappelle plus pourquoi nous avons changé le nom. Les trois principaux rôles féminins étaient joués par trois travestis — Candy Darling, Jackie Curtis et Holly Woodlawn — qui représentaient des femmes à divers degrés et divers stades de « libération ».

Entre autres choses, les travestis sont le témoignage vivant de ce que les femmes voulaient être, de ce que certaines gens veulent encore qu'elles soient, et de ce que certaines femmes veulent encore être. Les travestis sont les archives ambulantes de la féminité idéale de star de cinéma. Ils remplissent une fonction documentaire, en consacrant généralement leur vie entière à maintenir vivante et disponible pour l'inspection (pas de trop près) la chatoyante alternative.

Pour avoir une chambre particulière à l'hôpital, il fallait autrefois être extrêmement riche, mais maintenant il suffit d'être travesti. Si vous êtes travesti, ils veulent vous isoler des autres malades — mais peut-être en ont-ils suffisamment pour remplir une salle commune, maintenant.

Je suis fasciné par les garçons qui passent leur vie à essayer de devenir totalement filles, car cela représente un travail énorme, double, pour se débarrasser de tous les signes révélateurs de masculinité et acquérir tous les signes féminins. Je ne dis pas que ce soit la chose juste à faire, je ne dis pas que ce soit une bonne idée, je ne dis pas non plus que ce soit négatif ou autodestructif, et je ne dis pas que ce ne soit peut-être pas la chose la plus absurde qu'un homme puisse faire de sa vie. Je dis que c'est un travail énorme. Vous ne pouvez pas leur ôter cela. Il est très difficile de sembler l'opposé total de ce que la nature vous a fait, et d'être une fausse femme à partir de ce qui n'était au début qu'un rêve de femme. Quand on a pris les stars de cinéma pour les flanquer à la cuisine, ce n'étaient plus des stars — c'étaient des gens comme vous et moi. Les travestis sont le rappel que certaines stars ne sont toujours pas comme vous et moi.

A un moment, nous avons employé des travestis dans nos films parce que les vraies filles que nous connaissions semblaient incapables de s'enthousiasmer pour quoi que ce fût, alors que les travestis s'enthousiasmaient pour n'importe quoi. Mais ces derniers temps, les filles semblent retrouver leur énergie, et nous nous sommes donc remis à en employer de vraies.

Dans *Women in Revolt*, Jackie Curtis improvisa l'une des meilleures répliques ayant trait à la déception sexuelle lorsqu' « il-en-elle », dans le rôle d'une jeune institutrice vierge de Bayonne, New Jersey, se trouvait forcé de faire une politesse orale — une pipe — à Monsieur Amérique. Après force hoquets prémonitoires de vomissements, mais parvenant finalement au bout de l'entreprise, la pauvre Jackie se demande si elle a fait l'amour ou non — « Ce n'est quand même pas pour ce truc-là que des millions de filles se suicident quand leur petit ami les laisse tomber !... » Jackie exprimait les réactions effarées de tant de gens, quand ils découvrent que le sexe est un travail pénible, exactement comme tout le reste.

Ce sont les fantasmes des gens qui leur donnent des problèmes. Si l'on n'avait pas de fantasmes, on n'aurait pas de problèmes : on se contenterait de ce qu'on trouve. Mais alors il n'y aurait pas d'idylle — puisque l'idylle consiste à retrouver ses fantasmes chez des gens qui ne les ont pas. Un de mes amis dit toujours, « Les femmes aiment en moi l'homme que je ne suis pas ».

Il est facile de faire des *faux pas* en parlant à une personne amoureuse, parce qu'ils sont plus susceptibles. Je me rappelle qu'au cours d'un dîner j'avais un jour parlé avec un couple qui paraissait parfaitement heureux, et je leur avais dit : « Je n'ai jamais vu un couple qui paraisse aussi heureux que vous. » Ça allait, mais je suis allé un tout petit peu plus loin — et j'ai fait la gaffe de la soirée. « C'est sûrement une histoire d'amour comme un conte de fées. Je devine que vous étiez déjà amoureux quand vous étiez enfants. » C'est alors que leurs visages s'allongèrent, qu'ils se détournèrent, et qu'ils se mirent à m'éviter jusqu'à la fin de la soirée. J'appris par la suite qu'ils avaient tous deux abandonné femme, mari, enfants, pour partir ensemble.

Il faut donc toujours faire attention à ce qu'on dit quand on parle aux gens de leur vie amoureuse. Quand ils sont amoureux, leurs problèmes prennent d'étranges dimensions, et il est difficile de deviner quand on gaffe.

Il est vraiment bizarre de penser aux problèmes amoureux des gens qu'on connaît, tant leurs problèmes amoureux diffèrent de leurs autres problèmes dans la vie.

Un travesti de ma connaissance attend qu'un vrai homme s'éprenne de lui/elle.

Je rencontre sans cesse des femmes fortes qui cherchent des hommes faibles pour les dominer.

Je ne connais personne qui n'ait pas de fantasmes. Tout le monde doit avoir un fantasme.

Un de mes amis producteur de films a touché quelque chose d'intéressant quand il a dit : « Les gens frigides peuvent aller très loin. » Il a raison : ils peuvent aller très loin, et ils le font.

4
Beauté

B : *Est-ce qu'elle porte les vêtements de quelqu'un, ou bien est-ce qu'elle les trouve elle-même ?*
A : *Oh, non, non, non, non. Elle porte les vêtements de son mari — elle va chez le même tailleur. C'est pour cela qu'ils se disputent.*

Je n'ai jamais rencontré quelqu'un que je puisse appeler une beauté.

Chaque personne est belle à un moment de sa vie. Généralement à des degrés divers. Parfois, ils sont ravissants dans leur tendre enfance et ne le sont plus à l'âge adulte, mais ça peut revenir en vieillissant. Ils peuvent être gros mais avoir un beau visage. Ou avoir des jambes Louis XV mais un corps splendide. Ou bien être la plus grande beauté femelle, mais n'avoir pas de seins. Ou encore la plus grande beauté mâle, mais avec un tout petit tu-sais-quoi.

On croit parfois que tout est plus facile pour les gens beaux, mais en fait cela peut varier énormément. Si vous êtes très beau, vous pouvez fort bien avoir un pois chiche à la place du cerveau. Vous pouvez n'être pas beau et ne pas avoir de pois chiche à la place du cerveau. Tout dépend donc de la beauté et du cerveau en pois chiche. La dimension de la beauté. Et celle du pois chiche.

Je m'entends toujours dire : « Qu'il est beau ! », « Qu'elle est belle ! », « Quelle beauté ! », mais je ne sais jamais de quoi je parle. Honnêtement, j'ignore ce qu'est la beauté, sans parler de ce qu'est « une » beauté. Je me trouve donc dans une curieuse position, car je suis connu pour ma façon de toujours dire, « Un tel est une beauté », « Une telle est une beauté ». Une année, tous les magazines ont annoncé que mon prochain film s'appellerait *Les Beautés*. Il y a eu un grand battage, mais je n'ai jamais pu décider qui jouerait dedans. Si tout le monde n'est pas une beauté, alors personne n'en est, et je ne voulais pas laisser entendre que l'équipe de *Les Beautés* était constituée de beautés mais pas celles de mes autres films, et j'ai donc dû battre en retraite à cause de titre. C'était une erreur complète.

Je ne m'intéresse pas tellement aux « Beautés ». Ce que j'aime vraiment, ce sont les Parleurs. Pour moi, les bons parleurs sont magnifiques car ce que j'adore, c'est la parole. Le mot lui-même révèle pourquoi j'aime davantage les Parleurs que les Beautés, et pourquoi j'enregistre plus que je ne filme. Ce n'est pas « Parlés ». Les Parl*eurs* font quelque chose. Les beaut*és* sont quelque chose. Qui n'est pas nécessairement mal, mais j'ignore ce que c'est — qu'ils sont ! Je trouve plus amusant d'être avec des gens qui font des choses.

Quand j'ai fait mon autoportrait, j'ai laissé de côté tous les boutons, parce qu'il faut toujours les laisser de côté. Les boutons représentent un état temporaire, et n'ont rien à voir avec ce que vous paraissez réellement. Omettez toujours les défauts — ils ne font pas partie de la bonne image que vous souhaitez.

Quand une personne est la beauté de son époque, que sa beauté est vraiment à la mode, et puis que les temps changent, les goûts changent, et dix ans passent — si elle garde exactement la même apparence sans rien changer et qu'elle se soigne bien, elle sera toujours une beauté.

Les restaurants Schrafft's furent la beauté de leur temps. Mais ils s'efforcèrent de suivre le temps ; ils se sont modifiés et modifiés encore jusqu'à perdre tout leur charme, et ils ont été rachetés par une grande compagnie. Mais s'ils avaient pu garder leur allure et leur style, s'ils avaient tenu bon pendant les dures années où ils étaient démodés, il n'y aurait rien de mieux à New York. Il faut s'accrocher quand on est démodé, car si le style est bon il reviendra, et vous serez à nouveau une beauté consacrée.

Certaines formes de beauté vous écrasent et vous donnent l'impression d'être une fourmi à côté. Je me suis trouvé une fois au stade Mussolini, avec toutes ces statues tellement immenses que je me sentais fourmi. Je peignais une beauté cet après-midi, et la peinture englua un petit moucheron. J'ai essayé de dégager le moucheron, tant et si bien que je l'ai tué, sur la lèvre de la beauté. Il y avait donc ce moucheron, qui aurait pu être une beauté, abandonné sur la lèvre de quelqu'un. C'est ce que j'ai ressenti dans le stade Mussolini. Comme un moucheron.

Les beautés en photo sont très différentes des beautés en personne. Il doit être difficile d'être mannequin, car on doit avoir envie d'être comme la photo de soi, et on ne peut jamais y ressembler. Et l'on commence donc à copier la photo. La photo apporte en général une nouvelle demi-dimension. (Et le film une nouvelle dimension entière. Ce magnétisme de l'écran est un mystère — si seulement on pouvait découvrir ce que c'est, et comment le fabriquer, ce serait un bon produit à vendre. Mais on ne peut même pas dire si quelqu'un l'a avant de le voir sur l'écran, il faut faire des bouts d'essai pour le savoir.)

Très peu de Beautés sont des Parleurs, mais il y en a.

Sommeil de beauté. Beauté dormante.
Problèmes de beauté. Beauté à problèmes.

Même les beautés peuvent manquer de charme. Si vous attrapez une beauté dans une mauvaise lumière au bon moment, laissez tomber.

Je crois aux lumières tamisées et aux miroirs truqués.

Je crois à la chirurgie esthétique.

A une époque, l'aspect de mon nez me préoccupait — il est toujours rouge — et j'ai décidé que je voulais me le faire raboter. On m'appelait — jusque dans ma famille —

« Andy le Warhola au nez rouge ». Je suis allé voir le médecin, et je pense qu'il a cru bon de me passer mon caprice, il me l'a donc raboté. Et quand je suis sorti de St Luke's Hospital, j'étais le même en dessous, mais j'avais un pansement par-dessus.

On ne vous endort pas, mais on vous vaporise un truc glacé sur tout le visage. Puis on vous frotte tout le visage au papier de verre. C'est très douloureux par la suite. Il faut rester hospitalisé deux semaines, en attendant que les croûtes tombent. J'ai fait tout cela, et en fin de compte mes pores se sont distendus. J'étais vraiment déçu.

J'ai eu un autre problème de peau, aussi — j'ai perdu toute ma pigmentation à l'âge de huit ans. On me surnommait « Tache ». Je crois que j'ai perdu ma pigmentation de la manière suivante : j'ai vu une fille dans la rue qui était de deux tons différents, et j'en ai été si fasciné que je me suis mis à la suivre. En l'espace de deux mois, j'étais moi-même en deux tons. Et je n'avais même pas connu cette fille — c'était juste quelqu'un que j'avais vu dans la rue. J'ai demandé à un étudiant en médecine s'il pensait que j'avais été contaminé en la regardant. Il ne m'a pas répondu.

Il y a une vingtaine d'années, je suis allé à la clinique de dermatologie de Georgette Klinger, et Georgette m'a refusé. C'était avant qu'elle n'ait son département pour hommes, et j'ai subi sa discrimination.

Si les gens veulent consacrer leur vie entière à se crémer, s'épiler, se peinturlurer et se coller des trucs, c'est très bien — ça les occupe.

Les gens qui ont une dépression nerveuse sont parfois très beaux, parce qu'ils ont quelque chose de fragile dans leurs gestes et leur démarche. Ils dégagent une atmosphère qui les rend plus beaux.

On me dit que certaines beautés perdent leur charme au lit quand elles ne font pas les choses qu'elles devraient faire au lit. Je ne crois pas à ces choses.

Lorsque vous vous intéressez à quelqu'un, et qu'à votre avis ce quelqu'un pourrait bien s'intéresser à vous aussi, vous devriez lui signaler tous vos problèmes de beauté et vos défauts immédiatement, plutôt que d'espérer qu'ils passeront inaperçus. Peut-être avez-vous, disons un problème esthétique permanent auquel vous ne pouvez rien changer, par exemple des jambes trop courtes. Eh bien, dites-le. « Comme tu l'as sans doute remarqué, mes jambes sont nettement trop courtes par rapport au reste de mon corps. » Pourquoi donner à l'autre la satisfaction de le découvrir lui-même ? Une fois que c'est dit franchement, au moins, vous savez que ce ne sera jamais un problème par la suite dans vos relations et, si jamais cela se produit, vous pourrez toujours déclarer : « Je t'avais prévenu dès le départ. »

Supposons maintenant que vous ayez un problème de beauté purement temporaire — un bouton, des cheveux ternes, des yeux battus, trois kilos de trop à mi-corps. Signalez-le aussi quand même. Si vous ne le signalez pas en disant : « Mes cheveux sont vraiment ternes en ce moment, ce doit être l'arrivée des Anglais », ou : « J'ai pris trois kilos à Noël en mangeant des chocolats de chez Russell Stover, je vais me dépêcher de les reperdre », si vous ne précisez pas ces choses, on risque de prendre votre problème de beauté provisoire pour un problème de beauté permanent. Pourquoi ne le penserait-on pas, si l'on vient juste de faire votre connaissance ? Rappelez-vous que cette personne ne vous a jamais vue de sa vie. C'est donc à vous de faire en sorte qu'il imagine comment sont vos cheveux lorsqu'ils brillent, votre corps quand il a trois kilos de moins, et votre robe quand elle n'a pas de tache grasse sur le ventre. Prenez même la peine d'expliquer que vous avez des vêtements bien plus jolis dans votre penderie. Ceux à qui vous plairez pour vous-même seront ravis d'employer leur imagination à se représenter comment vous êtes sans votre problème de beauté temporaire.

Si vous avez le teint naturellement pâle, il faut mettre plein de fard à joues pour compenser. Mais si vous avez un grand nez, arborez-le fièrement, et si vous avez un bouton, mettez de la pommade dessus, de manière à le faire clairement ressortir — « Et voilà ! Je mets de la pommade à boutons ! » Toute la différence est là.

J'ai toujours pensé que, quand les gens se retournent dans la rue pour regarder quelqu'un, c'est sûrement à cause d'une odeur.

Diana Vreeland, la rédactrice en chef de *Vogue* depuis dix ans, est une des plus belles femmes du monde parce qu'elle n'a pas peur des autres et qu'elle fait ce qu'elle veut. Truman Capote a expliqué quelque chose à son sujet — elle est très très propre, ce qui la rend plus belle encore. Peut-être est-ce même la base de sa beauté.

La propreté est essentielle. Les gens soignés sont les véritables beautés. Peu importe ce qu'ils ont sur le dos, le prix de leurs bijoux ou même la perfection de leur maquillage : s'ils ne sont pas propres, ils ne sont pas beaux. La personne la plus quelconque, ou la plus ordinairement vêtue du monde, peut quand même être belle si elle est très soignée.

Pendant les années 60, beaucoup de gens dans mon entourage semblaient trouver séduisante l'odeur d'aisselles en sueur. Ils semblaient également ne jamais rien porter de lavable. Il fallait toujours faire tout nettoyer à sec — les satins, les miroirs en paillettes cousus, les velours — mais le problème, c'était que rien n'était jamais nettoyé du tout. La situation empira quand tout le monde se mit à porter du cuir et du daim — qui n'étaient *vraiment* jamais nettoyés, eux. J'avoue que j'ai moi-même porté des pantalons de daim pendant un moment, mais on ne se sent jamais propre et puis, à moins que ce ne soit pour se réchauffer, il est dégénéré de porter des peaux de bêtes. Je ne comprendrai jamais pourquoi on n'a encore rien inventé d'aussi chaud que la fourrure. Après cette période dégénérée, je suis donc retourné aux blue-jeans. Avec ravissement. En fin de compte, le blue-jean est ce qu'on peut porter de plus propre, puisqu'il entre précisément dans sa nature d'être souvent lavé. Et puis ils sont par essence tellement américains.

La beauté dépend vraiment de la manière dont elle est présentée. Quand on voit « beauté », tout dépend du lieu, de ce qu'elles portent, de ce qui se trouve à côté d'elles, du cagibi d'où elles ont jailli pour descendre l'escalier.

Les bijoux n'embellissent personne, mais ils donnent à la personne qui les porte l'*impression* d'embellir. Si vous couvrez une beauté de bijoux et de beaux vêtements, que vous l'installez dans une belle maison avec de beaux meubles et de beaux tableaux, elle ne sera pas plus belle, elle sera pareille, mais elle se *croira* plus belle. En revanche, si vous prenez une beauté pour la vêtir de haillons, elle sera laide. On peut toujours rendre une personne moins belle.

La beauté en danger embellit, mais dans la saleté elle enlaidit.

Ce qui fait qu'une toile est belle, c'est la manière dont est mise la peinture, mais je ne comprends pas comment les femmes se maquillent. Elles vous en mettent plein les lèvres, et puis c'est affreusement lourd. Le rouge à lèvres et le fond de teint et la poudre et les crèmes pour faire des ombres. Et les bijoux. Que tout cela est lourd.

Les enfants sont toujours beaux. Tous les gosses, disons jusqu'à huit ans, sont beaux. Même celui qui porte des lunettes. Ils ont toujours le nez parfait. Je n'ai jamais vu un bébé quelconque. Des traits fins et une jolie peau. C'est également vrai pour les animaux — je n'ai jamais vu un animal moche. Les bébés sont protégés par leur beauté, car les gens sont moins tentés de leur faire mal. C'est également vrai pour les animaux.

La beauté n'a rien à voir avec le sexe. La beauté concerne la beauté, et le sexe concerne le sexe.

Une personne qui n'est pas considérée comme belle peut quand même avoir du succès si elle a quelques bonnes plaisanteries dans ses poches. Et beaucoup de poches.

Les gens beaux sont souvent plus enclins à vous faire attendre que les gens ordinaires, car il existe un considérable différentiel de temps entre le beau et l'ordinaire. Et puis les beautés savent que la plupart des gens sont disposés à les attendre, alors elles ne se paniquent pas à l'idée d'être en retard — de sorte qu'elles arrivent encore plus en retard. Mais lorsqu'elles arrivent enfin, elles se sentent généralement coupables, et elles compensent leur retard en se montrant vraiment gentilles — ce qui les rend encore plus belles. C'est un syndrome classique.

J'essaie toujours de deviner si, quand elle est drôle, une femme peut tout de même être belle. Il existe des comédiennes qui sont très séduisantes, mais s'il fallait choisir entre les décrire comme belles ou les décrire comme drôles, on les décrirait comme drôles. Je pense parfois que l'*extrême* beauté doit être totalement dépourvue d'humour. Et puis je songe à Marilyn, qui avait les réparties les plus drôles. Elle aurait pu être follement amusante, si elle avait trouvé le genre de comédies qui lui convenait. Et nous ririons maintenant en revoyant les sketches satiriques du « Marilyn Monroe Show ».

Quelqu'un m'a un jour demandé de dire une fois pour toutes quelle était la plus belle personne que j'aie rencontrée de ma vie. Eh bien, les seules personnes que je puisse désigner comme indéniables beautés font du cinéma, et quand on les rencontre, elles ne sont plus aussi belles — alors vos critères n'existent même pas réellement. Dans la vie, les stars de cinéma sont bien loin d'avoir la classe qu'elles paraissent avoir à l'écran.

Certaines stars de cinéma, qui ont été très belles il y a quelques dizaines d'années, ont merveilleusement vieilli — et d'autres ont vieilli moins merveilleusement. Il arrive qu'on voie ensemble deux stars qui ont été belles ensemble dans le même film il y a très longtemps — l'une apparaît et se comporte en vieille dame, et l'autre continue d'apparaître et de se comporter en jeune fille. Mais tout cela n'a guère d'importance, à mon avis, car l'histoire ne gardera de chacune que ses moments de beauté sur la pellicule — le reste se passe en coulisses.

Un bon aspect ordinaire est l'aspect que je préfère. Si je ne voulais pas d'un aspect aussi « mauvais », j'en voudrais un « ordinaire ». C'est ma préférence en second.

Je songe toujours à ce que cela représente : porter des lunettes. Quand on s'habitue aux lunettes, on ne sait plus quelles distances on pourrait voir en vérité. Je pense à tous ces gens qui ont vécu avant qu'on ait inventé les lunettes. Ce devait être singulier, car chacun voyait différemment selon son degré de vision. Maintenant, les lunettes ont uniformisé toutes les visions à dix dixièmes. C'est un exemple de la standardisation générale. Tout le monde pourrait voir à des niveaux différents, s'il n'y avait pas les lunettes.

Dans certains milieux où des gens très lourds pensent qu'ils ont le cerveau très lourd, des mots comme « charmant », « astucieux » et « joli » sont péjoratifs ; toutes les choses légères de la vie, qui sont les plus importantes, sont méprisées.

Le poids n'est pas aussi important que les magazines vous le font croire. Je connais une fille qui n'inspecte que son visage dans le miroir de son étagère à pharmacie et ne se regarde jamais au-dessous des épaules. Elle pèse deux ou trois cents kilos mais elle ne le voit pas — elle ne voit qu'un beau visage, et se considère donc comme une beauté. Et je la considère donc comme une beauté, moi aussi, car j'accepte généralement les gens sur la base de l'image qu'ils ont d'eux-mêmes, qui intervient davantage dans leur manière de penser que leur image objective. Peut-être même qu'elle pèse quatre cents kilos, qui sait. Si elle s'en moque, moi aussi.

Mais si vous surveillez votre poids, essayez donc le Régime New York City d'Andy Warhol : au restaurant, je commande tout ce que je n'aime pas, et ainsi je m'occupe à chipoter dans mon assiette pendant que les autres mangent. Et puis j'exige, même si le restaurant est très chic, que le serveur enveloppe l'assiette entière, comme pour une commande à emporter ; une fois dehors je trouve un coin tranquille dans la rue pour y déposer l'assiette, car il y a tant de gens à New York qui vivent dans la rue, avec tout ce qu'ils possèdent dans un sac en plastique.

C'est ainsi que je perds du poids et que je reste svelte, et je me dis qu'un de ces malheureux trouvera peut-être un dîner de chez Grenouille sur un appui de fenêtre. Mais on ne peut pas savoir, peut-être qu'ils n'aimeront pas ce que j'ai commandé — pas plus que moi, et peut-être qu'ils détourneront le nez et chercheront dans les poubelles un morceau de pain de seigle déjà mordu. On ne peut jamais savoir, avec les gens. On ne peut jamais savoir ce qui leur fera plaisir, ce qu'on doit faire pour eux.

C'est donc le Régime New York City d'Andy Warhol.

Je connais de bons cuisiniers qui passeront des journées entières à chercher de l'ail frais, du basilic frais, de l'estragon frais, etc., et puis qui ouvriront une boîte de tomates en conserve pour la sauce en disant que ça n'a pas d'importance. Mais je sais que c'est important.

Chaque fois que les peuples et les civilisations deviennent dégénérés et matérialistes, ils exhibent leur beauté extérieure et leurs richesses en disant que, s'ils agissaient mal, ils ne s'en tireraient pas si bien — riches et beaux. C'est ce qu'ont fait les gens de la Bible en adorant le Veau d'Or, par exemple, ou bien les Grecs en adorant le corps humain. Mais la beauté et la richesse ne peuvent pas dépendre de vos qualités morales, parce que pensez un peu à toutes les beautés qui attrapent le cancer. Et puis il y a plein d'assassins séduisants, alors c'est tout vu.

Il y a des gens, et même des gens intelligents, qui prétendent que la violence peut être belle. Je ne peux pas comprendre cela, car la beauté constitue des instants, et pour moi ces instants ne sont jamais violents.

Une nouvelle idée.

Une nouvelle allure.

Un nouveau sexe.

Un nouveau caleçon.

Il devrait y avoir une foule de filles nouvelles, à New York, et il y en a effectivement.

La beauté du homard rouge n'apparaît qu'après avoir plongé dans l'eau bouillante... et la nature transforme les choses, le charbon devient diamant et la terre devient or... et un anneau dans le nez, c'est tout simplement superbe.

Sur la plage, je ne peux pas me lasser de voir comme le sable est beau, quand l'eau le trempe et puis s'en va, et les arbres et l'herbe sont merveilleux. Je crois qu'avoir de la terre et ne pas l'abîmer est le plus bel art qu'on puisse désirer posséder.

Ce qu'il y a de plus beau à Tokyo, c'est le snack-bar McDonald's.

Ce qu'il y a de plus beau à Stockholm, c'est le McDonald's.

Ce qu'il y a de plus beau à Florence, c'est le McDonald's.

Pékin et Moscou n'ont encore rien de beau.

L'Amérique est véritablement belle. Mais elle serait encore plus belle si tout le monde avait assez d'argent pour vivre.

De belles prisons pour le Beau Monde.

Le sens de la beauté est différent pour tout le monde. Quand je vois des gens habillés de vêtements hideux qui sont tout de guingois sur eux, j'essaie d'imaginer l'instant où ils les ont achetés en se disant : « Formidable. J'adore ça. Je le prends. » On ne peut pas imaginer ce qui a bien pu leur passer par la tête pour leur faire acheter ce pantalon en polyester gauffré marron ou ce maillot de débardeur en acrylique sur lequel « Miami » est inscrit en lettres phosphorescentes. On se demande ce qu'ils ont rejeté parce qu'ils ne le trouvaient pas beau — un maillot de débardeur en acrylique où était écrit « Chicago » ?

On ne peut jamais prédire quels petits riens dans l'apparence, le langage ou le comportement de quelqu'un provoqueront des réactions émotionnelles chez d'autres. Ainsi, je me trouvais l'autre soir avec une dame qui se prit soudain de fureur au sujet d'une personne que nous connaissions tous deux, et qui se mit à démolir systématiquement son image physique — il avait les bras malingres, et le visage boutonneux, il se tenait tout de travers, il avait le sourcil trop épais et le nez trop gros, il s'habillait mal, et je ne savais que répondre car je ne voyais pas pourquoi elle voulait bien être vue avec moi, quand elle ne voulait pas être vue avec lui. Après tout, j'ai les bras malingres et le visage boutonneux, mais elle ne semblait pas remarquer mes problèmes. Je pense que des petits riens peuvent provoquer des réactions chez les gens, et l'on ignore ce qui, dans leur passé, a pu leur faire aimer ou détester quelqu'un si fort qu'ils peuvent aimer ou détester tout ce qui lui a trait.

Il arrive qu'une chose paraisse belle simplement parce qu'elle est différente de ce qui l'entoure. Un pétunia rouge dans une jardinière paraîtra follement beau si tous les autres sont blancs, et vice versa.

Quand on est en Suède et qu'on voit des gens beaux les uns après les autres sans répit, on finit par ne plus regarder parce qu'on sait déjà que la prochaine personne sera exactement aussi belle que celle pour laquelle on n'a même pas pris la peine de se retourner — dans un endroit pareil, on peut arriver à un tel degré d'ennui que, quand on voit une personne qui n'est *pas* belle, on la trouve très belle parce qu'elle brise la monotonie de la beauté.

Il y a trois choses que je trouve toujours très belles : ma bonne vieille paire de chaussures qui ne me fait pas mal aux pieds, ma chambre à moi, et la douane américaine en rentrant de voyage.

5
Célébrité

B : Que voulaient ces gens, avec leur affaire de disque ?
A : Ils veulent que je fasse un disque. Ils feront chanter ma voix.
A : J'adore ta publicité pour le Daily News *à la télévision. Je l'ai vue quinze fois.*

Une compagnie se proposait récemment d'acheter mon « aura ». Ils ne voulaient pas mon produit. Ils répétaient inlassablement : « Nous voulons votre aura. » Je n'ai jamais trouvé ce qu'ils voulaient vraiment. Mais ils étaient prêts à payer très cher pour l'avoir. Alors je me suis dit que si quelqu'un était prêt à payer autant pour l'avoir, je devrais bien essayer de trouver ce que c'était.

Je crois que l' « aura » est une chose que seuls les autres peuvent voir, et seulement dans la mesure où ils le veulent. C'est uniquement dans les yeux des autres. Vous ne pouvez voir l'aura que sur des gens que vous connaissez à peine ou pas du tout. J'ai dîné l'autre soir avec tous les gens de mon bureau. Ils me traitent comme de la merde, parce qu'ils me connaissent et qu'ils me voient chaque jour. Mais quelqu'un avait amené un copain, et ce brave gosse pouvait à peine croire qu'il était en train de dîner avec moi ! Tous les autres me voyaient en chair et en os, mais lui ne voyait que mon « aura ».

Quand on voit quelqu'un dans la rue, il peut avoir une aura. Mais dès qu'il ouvre la bouche, l'aura s'évanouit. L' « aura » cesse d'exister quand on ouvre la bouche.

Les gens les plus célèbres sont ceux qui ont leur nom sur des magasins. Les gens qui ont des grands magasins qui portent leur nom sont ceux dont je suis vraiment jaloux. Comme Marshall Field.

Mais la célébrité n'est pas tellement importante. Si je n'étais pas célèbre, on ne m'aurait pas tiré dessus parce que j'étais Andy Warhol. Peut-être qu'on m'aurait tiré dessus parce que j'étais dans l'armée. Ou peut-être que je serais un instituteur gras. Sait-on jamais ?

Une bonne raison d'être célèbre, quand même, c'est qu'on peut lire tous les grands magazines : on connaît tous les gens de tous les articles. Page après page, ce ne sont que des gens déjà rencontrés. J'adore ce genre d'expérience de lecture, et c'est la meilleure raison d'être célèbre.

Je ne parviens pas à comprendre à qui appartiennent les informations. J'ai toujours eu dans un coin de ma tête l'idée que, si votre nom apparaît dans les informations, les informations devraient vous payer. Parce que ce sont *vos informations*, qu'elles prennent et distribuent comme si c'était leur produit. Mais on me répond qu'elles vous aident, au contraire, et c'est également vrai, mais quand même, si les gens ne donnaient pas leurs informations aux informations, et si chacun gardait ses informations pour soi, les informations ne comporteraient aucune information. J'imagine donc qu'on devrait se payer l'un l'autre. Mais je n'arrive cependant pas à comprendre tout à fait.

Ce que j'ai lu de pire à mon sujet, de plus cruel, c'est un article publié dans *Time* quand j'ai reçu ces balles de revolver.

Je me suis rendu compte que la plupart des interviews sont réglées d'avance. Ils savent ce qu'ils veulent écrire sur vous, et ils savent ce qu'ils pensent de vous avant même de parler avec vous ; ils ne cherchent que des mots et des détails ici et là pour appuyer ce qu'ils ont déjà décidé de dire. Si vous vous lancez dans une interview à l'aveuglette, il n'y a absolument pas moyen de deviner quel genre d'article va écrire la personne à qui vous parlez. Les gens les plus charmants et les plus complaisants peuvent pondre des articles extrêmement méchants, et ceux dont vous jureriez qu'ils vous détestent, des articles follement drôles et gentils. Les journalistes sont plus difficiles à sonder que les politiciens.

Quand quelqu'un écrit un article vraiment méchant, je laisse courir : de quel droit peut-on affirmer que ce n'est pas vrai ?

On disait toujours que je cherchais à ridiculiser les médias quand je donnais une autobiographie à un journal et une autre autobiographie à un autre journal. J'aimais beaucoup donner des informations différentes aux différents magazines, parce que ça me permettait de tracer la source où les gens prenaient leur information. De cette manière, je savais toujours quels journaux et quelles revues lisaient les gens que je rencontrais, d'après ce qu'ils me disaient que j'avais dit. Il arrive que des détails très amusants vous reviennent des années après ; ainsi quand un interlocuteur vous déclare : « Vous avez dit un jour que Lefrak City est la plus belle ville du monde », vous savez qu'il a lu ce que vous avez raconté à *Architectural Forum.*

L'anecdote qu'il faut et où il faut peut vous donner la vedette pendant des mois et même des années. J'ai vécu douze ans près d'une épicerie où chaque jour j'allais flâner le long des rayons pour choisir ce qui me tentait — c'est un rituel que j'aime beaucoup. Pendant douze ans, j'y suis allé presque chaque jour. Et puis un après-midi, le *New York Post* publie une photo en couleurs de Monique Van Vooren, Rudolf Noureev et moi en première page. Lorsque j'entrai, peu après, dans le magasin, tous les employés se mirent à crier, « Le voilà ! », « Je vous avais bien dit que c'était lui ! ». Je n'ai plus jamais voulu y retourner. Puis, quand ma photo apparut dans *Time,* je fus empêché de promener mon chien au parc pendant une semaine parce que les gens me montraient du doigt.

Jusque vers l'an dernier, je n'étais personne en Italie. J'étais — peut-être — quelqu'un en Angleterre et en Allemagne — et c'est pourquoi je ne vais plus dans ces pays-là —, mais en Italie, on n'épelait même pas mon nom correctement. Puis L'*Uomo Vogue* découvrit comment épeler mon nom grâce à un de nos superstars qui commençait à fréquenter un de leurs photographes — conversation sur l'oreiller, j'imagine —, mais, quoi qu'il en soit, il divulga l'orthographe exacte de mon nom à l'*Uomo* et puis il laissa filtrer les titres de mes films et les photos de mes peintures, et maintenant je suis une coqueluche de l'Italie. Tenez, j'étais l'autre jour dans une petite ville du nom de Boissano, du mauvais côté de la Riviera, et je prenais l'apéritif à la terrasse du kiosque local, quand un jeune garçon, un lycéen, s'approche et me dit : « Salut, Andy, comment va Holly Woodlawn ? » Ça m'a estomaqué. Il connaissait cinq mots d'anglais dont quatre étaient FLESH, TRASH, HEAT et DALLESSANDRO — et celui-ci ne compte pas parce qu'il est italien.

Je suis toujours intéressé par les gens qui font des interviews à la télévision. Un des mes amis m'a dit qu'il n'a qu'à regarder les types qui font des interviews à la télévision pour savoir d'où ils viennent, quel genre d'écoles ils ont fréquentées, quelle religion ils pratiquent — d'après le genre d'invités qu'ils choisissent pour leur émission et le genre de questions qu'ils leur posent. J'adorerais pouvoir deviner tout sur quelqu'un rien qu'en le regardant à la télévision — pouvoir deviner *quel est son problème.* Pouvez-vous imaginer ce que ce serait, de regarder une émission télévisée et de savoir aussitôt des choses comme :

« Le problème de celui-ci, c'est qu'IL VEUT ÊTRE BEAU. »

« Le problème de celui-ci, c'est qu'IL DÉTESTE LES GENS RICHES. »

« Le problème de celui-ci, c'est qu'IL NE PEUT PAS BANDER. »

« Le problème de celui-ci, c'est qu'IL VEUT ÊTRE MALHEUREUX. »

« Le problème de celui-ci, c'est qu'IL VEUT ÊTRE INTELLIGENT. »

Et peut-être qu'on serait aussi capable de piger.

« Pourquoi Dinah Shore N'A PAS DE PROBLÈME. »

Ce que j'aimerais aussi, c'est voir la couleur des yeux des gens rien qu'en les regardant — mais il faut dire que la télévision en couleurs n'est pas encore d'un grand secours sur ce point-là.

Certaines personnes possèdent la magie télévisuelle, et s'effondrent quand les caméras s'éteignent pour se redresser quand elles s'allument. Ces gens-là tremblent et transpirent avant de passer, tremblent et transpirent pendant les spots publicitaires, tremblent et transpirent quand c'est fini, mais ils paraissent parfaitement à l'aise et détendus quand la caméra les filme : elle les branche et les débranche. Je ne m'effondre jamais, car je ne me redresse jamais. Je reste simplement assis là à me répéter : « Je vais m'évanouir, je sais que je vais m'évanouir. Est-ce que je suis déjà évanoui ? Je vais m'évanouir. » Quand je passe à la télévision, je suis incapable de dire quoi que ce soit — tout ce que j'arrive à penser, c'est : « Est-ce une émission en direct ? Tant pis, je vais m'évanouir, j'attends l'évanouissement. » Ça, c'est ma réaction en direct. En différé, c'est tout à fait autre chose.

J'ai toujours pensé que les meneurs d'interviews et les gens de la télévision en général étaient incapables d'imaginer ce que pouvait représenter une pareille nervosité, mais je me suis finalement rendu compte que certains d'eux pouvaient fort bien connaître une variante du même problème — peut-être se disent-ils à chaque instant : « Je vais craquer... Je vais craquer... Adieu, villa d'East Hampton... Adieu, bel appartement de Park Avenue... Adieu, sauna... » La différence, c'est que, pendant leur version de « Je vais m'évanouir », ils se débrouillent grâce à leur magie télévisuelle pour sortir le texte et le baratin qu'ils avaient emmagasinés dans un coin.

Il y a des gens qui commencent à trouver le ton quand ils sont branchés. Ça représente quelque chose de différent selon les gens. Je regardais un jour un jeune acteur recevoir un prix à la télévision — il montait sur l'estrade, il se tournait juste bien, et il se lançait dans son rôle en déclarant — « Je voudrais dire merci, merci à ma femme » —, il était en train de créer un « moment d'intensité émotionnelle ». Il prenait son pied. Je me suis mis à penser que ce devait être un moment fantastique, de recevoir une récompense pareille, pour une personne qui ne peut « s'allumer » que devant des gens. Si c'est ça qui l'allume, quand cette occasion se présente, il doit ressentir quelque chose d'extraordinaire, sur l'estrade, à se dire, « Je peux faire n'importe quoi, n'importe quoi, N'IMPORTE QUOI ».

J'imagine donc que chacun s'allume en ses temps et lieu.

Ce qui m'allume ?

C'est quand j'éteins pour me coucher. C'est mon grand moment, celui que j'attends toujours.

Les « bons comédiens », à mon avis, sont des enregistreurs multi-médias, parce qu'ils peuvent mimer des émotions aussi bien que des façons de parler, des attitudes, une atmosphère — ils sont plus complets qu'un magnétophone, une vidéo ou un roman. Les bons comédiens parviennent à enregistrer complètement des expériences, des personnages et des situations, et ils passent ces enregistrements quand ils en ont besoin. Ils peuvent répéter une phrase exactement sur le ton qui convient, avec exactement les gestes qui conviennent, parce qu'ils ont déjà vu la scène quelque part, et qu'ils l'ont emmagasinée. Ils connaissent donc le texte, et la manière dont le texte doit leur venir. On ne pas venir.

Je ne comprends que les comédiens amateurs ou les mauvais comédiens, car ce qu'ils font ne prend jamais vraiment, et ne peut donc jamais tromper. Mais je n'arrive jamais à comprendre les bons comédiens, les vrais professionnels.

Tous les comédiens professionnels que j'ai vus font exactement la même chose, exactement au même moment, dans tous leurs spectacles. Ils savent quand le public va rire, et quand il va être vraiment pris. Ce que j'aime, c'est ce qui change à chaque fois. C'est pourquoi j'aime les comédiens amateurs et les mauvais comédiens. On ne peut jamais deviner ce qu'ils vont faire.

Jackie Curtis écrivait des pièces et les montait sur la Seconde Avenue, et la pièce changeait chaque soir — le texte, et même l'intrigue. Seul le nom de la pièce ne changeait pas. Si deux personnes avaient vu le spectacle deux soirs différents et commençaient à en parler ensemble, elles s'apercevaient que les deux spectacles n'avaient rien en commun. Les séances étaient « évolutives », car la pièce changeait sans arrêt.

Je sais que le « professionnel » est rapide, qu'il est bon, et que les gens sont à l'heure, qu'on peut compter sur eux — ils viennent, et ils jouent bien, ils sont au diapason, ils font leur numéro, et il n'y a pas de problème. On les regarde jouer et on les trouve tellement naturels qu'on ne peut pas croire qu'ils n'improvisent pas — on jurerait que la réplique drôle vient juste de leur sauter à l'esprit. Mais si on retourne les voir le lendemain, on s'aperçoit que la même réplique drôle leur saute de nouveau à l'esprit.

Quand il m'arrive de devoir distribuer un rôle, je veux une personne qui ne corresponde pas au personnage. Je ne peux jamais visualiser la personne qui convient pour le rôle. La personne qui convient pour le rôle qui convient, ce serait trop. D'ailleurs, personne ne correspond jamais exactement à aucun rôle, parce qu'un rôle n'est jamais réel, alors si l'on ne peut pas avoir quelqu'un qui corresponde parfaitement, mieux vaut une personne qui ne corresponde pas du tout. C'est plus satisfaisant. Et puis au moins, on sait qu'on a vraiment trouvé quelque chose.

Les gens qui ne conviennent pas me conviennent parfaitement. Et quand vous avez plein de gens qui sont tous « bien », ça devient difficile à distinguer, le plus simple, c'est de choisir le plus mauvais. Et je choisis toujours ce qu'il y a de plus simple, parce que si c'est le plus simple, c'est généralement le meilleur — en ce qui me concerne.

Je faisais un spot, l'autre jour, pour un équipement de sono, et j'aurais pu faire semblant de dire le texte qu'ils m'avaient donné et que je ne pourrais jamais prononcer tel quel, mais je n'ai pas pu.

Quand j'ai joué un type dans un aéroport, dans un film avec Elizabeth Taylor, le texte qu'on m'avait donné disait quelque chose comme, « Allons-y. J'ai un rendez-vous important », mais je n'arrivais pas à articuler autre chose que, « En route, les filles ». Mais en Italie ils doublent tout par la suite, alors ce qu'on ne dit pas n'a aucune importance, on le dit de toute façon.

J'ai fait un jour un spot pour une compagnie aérienne avec Sonny Liston — « Si vous l'avez, arborez-le ! ». J'adorais dire ça, mais ensuite ils ont doublé ma voix — mais pas la sienne.

Certaines gens prétendent qu'on ne peut être impressionné par quelqu'un de célèbre que si on l'a connu depuis l'enfance ou qu'on en a entendu parler longtemps avant de le rencontrer. Ils prétendent que, si l'on rencontre un individu dont on n'a jamais entendu parler, et qu'ensuite quelqu'un vient vous dire que vous venez de rencontrer la personne la plus riche, la plus célèbre, disons en Allemagne, on n'est pas aussi impressionné de l'avoir rencontrée parce qu'on n'a pas eu le temps de réfléchir à sa célébrité. En tout cas, moi, *je ressens exactement le contraire :* je ne suis pas impressionné par tous ces rigolos que les gens croient célèbres, parce que je trouve toujours qu'ils sont d'un abord extrêmement facile. Ce qui m'impressionne beaucoup, en revanche, c'est de rencontrer quelqu'un que je croyais ne jamais pouvoir rencontrer — quelqu'un à qui je n'aurais jamais rêvé de pouvoir parler un jour. Des gens comme la mère de

Paloma Picasso, Kate Smith, Lassie, Nixon, Mamie Eisenhower, Tab Hunter, Charlie Chaplin.

Quand j'étais petit, j'écoutais toujours The Singing Lady à la radio en faisant mes coloriages, au lit. Et puis en 1972, à New York, je fus présenté à une femme lors d'une réception, et j'entendis : « Elle a été The Singing Lady à la radio. » J'en restai ébahi. Je ne pouvais pas croire que je la rencontrais vraiment, parce que je n'avais jamais rêvé de pouvoir la rencontrer un jour. J'avais toujours estimé qu'il n'y avait aucune chance. Quand on rencontre quelqu'un qu'on n'avait jamais imaginé de rencontrer, on est pris par surprise, alors on n'a pas eu le temps de se fabriquer des fantasmes et on n'est pas déçu.

Il y a des gens qui passent leur vie entière à penser à une personne célèbre. Ils choisissent une personne qui est célèbre, et font une fixation. Ils consacrent la quasi-totalité de leur attention à penser à cette personne qu'ils n'ont jamais rencontrée, ou qu'ils ont parfois rencontrée une fois. Vous pouvez demander à n'importe quelle célébrité le genre de courrier qu'elle reçoit, et vous découvrirez que toutes ont une personne au moins qui les assiège de son obsession et de ses lettres. Il est très étrange de penser que quelqu'un consacre tout son temps à penser à vous.

Je reçois tout le temps des lettres de dingues. Je pense que je dois figurer dans un fichier de dingues.

J'ai toujours peur, quand des dingues font quelque chose, qu'ils le refassent plusieurs années après sans se souvenir qu'ils l'ont déjà fait — et ils s'imagineront qu'ils font quelque chose d'absolument nouveau. On m'a tiré des coups de revolver en 1968 — c'était donc la version 1968. Mais je suis obligé de me demander : « Quelqu'un va-t-il vouloir faire un remake des années 70 de ma fusillade ? » C'est encore un autre genre de fanatisme.

Au début de l'ère du cinéma, les « fans » idolâtraient une star *entière* — ils prenaient une star et adoraient tout ce qui la concernait. A l'heure actuelle, il existe divers niveaux de fans. Les fans n'idolâtrent plus que des *sections* de stars, maintenant ; ils peuvent idolâtrer une star dans un domaine et ne pas l'aimer dans un autre. Une grande vedette de rock peut vendre des dizaines de millions de disques mais, si elle ou il tourne un mauvais film, dès que la rumeur est lancée, c'est fini.

De nouvelles catégories de gens sont maintenant hissés là-haut comme stars. Les sportifs deviennent de grandes vedettes à la force du poignet. (Une chose que je me demande toujours, quand je regarde des trucs comme les Jeux olympiques, c'est « Quand y aura-t-il enfin quelqu'un pour ne pas battre de record ? ». Si quelqu'un court en 2.2, cela signifie-t-il nécessairement que les suivants seront capables de le faire en 2.1 puis en 2.0 puis en 0.9 et ainsi de suite jusqu'à ce qu'ils le fassent en 0.0. ? A quel point arrêteront-ils de battre des records ? Seront-ils obligés de changer le temps, ou de changer le record ?)

A l'heure actuelle, même si vous êtes un escroc, vous restez une vedette. Vous pouvez écrire des livres, passer à la télé, donner des interviews — vous êtes une célébrité et nul ne vous méprise parce que vous êtes un escroc. Vous êtes quand même au firmament. C'est parce que les gens veulent avant tout des stars.

Quand on travaille pour beaucoup d'argent l'image qu'on a de soi-même risque de se déformer. Quand je dessinais des chaussures pour des magazines, je recevais une certaine somme par chaussure — je faisais donc le compte de mes chaussures pour savoir combien d'argent j'allais toucher. Je vivais en fonction du nombre de mes dessins de chaussures — quand je les comptais, je savais combien d'argent j'avais.

Les mannequins sont parfois très malpolis. Parce qu'ils sont payés à l'heure et qu'ils travaillent huit heures par jour, ils estiment qu'ils devraient également être payés quand ils rentrent chez eux. Les stars de cinéma reçoivent des millions de dollars pour rien, alors quand on leur demande de faire quelque chose pour rien, elles deviennent enragées — elles pensent qu'elles devraient toucher cinquante dollars par heure quand elles parlent à quelqu'un chez l'épicier.

On devrait donc toujours avoir un produit qui ne soit pas « soi ». Une actrice devrait faire le compte de ses films et de ses pièces, un mannequin devrait compter ses photos, un écrivain ses mots et un artiste ses tableaux, afin de toujours savoir exactement ce qu'ils valent, au lieu de rester coincé avec l'idée que vous êtes votre propre produit, avec votre célébrité et votre aura.

6
Travail

B : Les hôpitaux sont incroyables.
A : Quand j'étais mourant, il a fallu que j'écrive mon nom sur un chèque.

Avant qu'on ne me tire dessus, j'ai toujours pensé que j'étais à demi présent plutôt qu'entièrement — j'ai toujours soupçonné que je regardais la télé au lieu de vivre la vie. On dit parfois que les choses se produisent de manière irréelle au cinéma, mais c'est plutôt dans la vie que les choses vous arrivent de manière irréelle. Le cinéma rend les émotions si fortes et si vraies, que quand quelque chose vous arrive réellement c'est comme si vous regardiez la télé — vous ne ressentez rien.

Juste avant d'être mitraillé, et depuis lors, j'ai compris que je regardais la télévision. On change de chaîne, mais c'est toujours la télévision. Quand vous êtes vraiment engagé dans quelque chose, vous pensez généralement à autre chose. Quand quelque chose arrive, vous rêvez d'autre chose. Quand je me suis réveillé quelque part — je ne savais pas que c'était à l'hôpital, ni que Bobby Kennedy avait été abattu le lendemain de mon attentat — j'ai entendu des paroles de rêves à propos de milliers de gens qui se relayaient pour prier à la cathédrale St Patrick, et puis j'ai entendu le mot « Kennedy », qui m'a ramené au monde de la télévision parce que je me suis rendu compte que j'étais là et que je souffrais.

On m'a donc tiré dessus à mon lieu de travail : Andy Warhol Enterprises. A cette époque-là, en 1968, Andy Warhol Enterprises comprenaient quelques personnes qui travaillaient assez régulièrement pour moi, plein de gens qu'on pourrait appeler « indépendants » et qui travaillaient à des projets spécifiques, et plein de « superstars » ou « hyperstars » ou ce que vous voudrez — ces gens bourrés de talents difficiles à définir et impossibles à évaluer. Ainsi se constituait l' « équipe » de Andy Warhol Enterprises à cette époque. Un journaliste me posait des tas de questions sur la manière dont je dirigeais mon bureau, et j'essayais de lui expliquer que je ne le dirige pas vraiment — c'est plutôt lui qui me dirige. J'employais plein d'expressions dans le genre de « ramener l'oseille à la maison », et il ne comprenait pas vraiment de quoi je parlais.

Pendant tout le temps que j'étais à l'hôpital, « l'équipe » continuait à faire des choses, et j'ai alors compris que j'avais une entreprise cinématique, parce qu'elle marchait sans moi. Cette constatation m'a beaucoup plu, parce que j'avais déjà décidé que les « affaires » étaient l'art essentiel.

L'art des affaires est l'étape qui succède à l'Art. J'ai commencé comme artiste commercial, et je veux finir comme artiste d'affaires. Après avoir fait ce qu'on appelle « de l'art » (ou ce qu'on veut), j'ai plongé dans l'art des affaires. Je voulais être un « business man de l'art », ou « artiste des affaires ». Faire de bonnes affaires, c'est l'art le plus fascinant. Pendant l'ère hippie, les gens méprisaient l'idée d'affaires — ils disaient « L'argent est nocif », et « Le travail est nocif », mais faire de l'argent est un art, travailler est un art, et les bonnes affaires sont le plus beau des arts.

Au début, tout n'était pas très bien organisé à Andy Warhol Enterprises. Nous sommes directement passés de l'art aux affaires, prenant l'engagement de fournir un film par semaine à une certaine salle de cinéma. Ce qui a rendu commerciale notre production de films et nous a menés du court métrage au long métrage puis au « grand film ». Nous avons appris quelques trucs sur la distribution et nous avons bientôt tenté de distribuer nos films nous-mêmes, mais nous nous sommes rendu compte que c'était vraiment trop difficile. Je n'escomptais pas que nos films seraient commerciaux. Il suffisait que l'art ait basculé dans le courant du commerce, dans le monde réel. C'était vertigineux de voir notre film sortir dans le monde réel, sur un fronton, et non plus confiné dans le monde de l'art. L'art des affaires. Les affaires de l'art. Les affaires de l'art des affaires.

J'adore travailler sur des restes, faire des trucs laissés pour compte que tout le monde trouvait mauvais — j'ai toujours pensé que ces choses-là avaient précisément un grand potentiel de drôlerie. C'est comme un travail de recyclage. J'ai toujours pensé qu'il y avait beaucoup d'humour dans les restes. Quand je vois un vieux film d'Esther Williams, avec cent filles qui sautent de leurs balançoires, je songe à ce qu'a dû être l'audition, et la prise de vues, quand une fille, peut-être, n'a pas eu le cran de sauter quand elle aurait dû, et je l'imagine, perdue sur sa balançoire. Cette séquence là a fini sur le sol de la salle de montage, dans les balayures, et la fille a sûrement fini par être aussi laissée pour compte — mise à la porte, de telle sorte que toute cette scène est bien plus drôle que la vraie séquence où tout s'est bien déroulé, et la fille qui n'a pas sauté est la vedette de la coupure.

Je ne veux pas dire que le goût populaire soit mauvais et que ce qu'il en reste soit nécessairement bon : je dis que ce qui reste est sans doute mauvais, mais que si on peut le prendre pour le rendre bon ou du moins intéressant, alors on ne gaspille pas autant qu'on l'aurait fait sinon. On recycle du travail et des gens, on dirige ses affaires comme un sous-produit d'autres affaires. Ou plus exactement d'autres affaires *directement concurrentes*. C'est donc une manière de procéder particulièrement économique. C'est également la manière de procéder la plus divertissante car, je le répète, les restes sont intrinsèquement drôles.

La vie à New York encourage vivement les gens à vouloir ce que personne d'autre ne veut — à vouloir les choses laissées pour compte. Il y a là tant de gens à concurrencer que le seul espoir d'obtenir quoi que ce soit consiste à modifier son goût de manière à vouloir ce dont les autres ne veulent pas. Un exemple : quand il fait beau à New York, que le soleil est au zénith, la foule dehors est si nombreuse qu'on ne distingue plus Central Park dans la masse. Mais de très bonne heure le dimanche, lorsqu'il pleut abominablement et que personne ne veut se lever ni même sortir s'ils sont déjà levés, alors on peut sortir et faire de grandes promenades à pied dans les rues qui n'appartiennent qu'à vous, et c'est merveilleux.

Quand nous n'avions pas d'argent pour faire de grands films avec plein de coupures, de raccords, etc., je me suis efforcé de simplifier le processus de tournage, et j'ai fait des films dans lesquels nous utilisions chaque centimètre de pellicule tournée, parce que c'était plus économique, plus facile et plus amusant. Et puis de cette manière, nous n'avions aucun reste. En 1969, nous avons commencé à faire du découpage mais, même avec nos propres films, ce sont les chutes que je préfère. Elles sont formidables. Je les conserve scrupuleusement.

Je trahis ma philosophie d'utilisation des restes dans deux domaines : mes animaux familiers, et ma nourriture.

Je sais que j'aurais dû aller à la fourrière pour avoir un chien, mais au lieu de ça je l'ai acheté. C'est arrivé tout bêtement. Je l'ai vu, j'en suis tombé amoureux, je l'ai adoré et je l'ai acheté — c'est ainsi que mes émotions m'ont fait abandonner mon style.

Je dois également reconnaître que je ne supporte pas de manger des restes. La nourriture est ma grande extravagance. Je me gâte beaucoup mais je m'efforce ensuite de compenser en conservant scrupuleusement tous mes restes pour les apporter au bureau ou les déposer dans la rue, de manière à les recycler. Ma conscience ne me laisse rien jeter, même si je n'en veux pas pour moi-même. Comme je l'ai dit, je me gâte beaucoup en matière de nourriture, de sorte que mes restes sont souvent grandioses — le chat de mon coiffeur mange du foie gras au moins deux fois par semaine. Mes restes se révèlent généralement être de viande, car j'achète une belle pièce de bœuf, je la fais cuire pour le dîner et puis, juste avant qu'elle soit prête — je craque, et je mange ce que j'avais réellement envie de manger pour mon dîner — des tartines de confiture. Lorsque j'exécute tout le processus d'un repas de protéines, je me raconte des histoires : la seule chose dont j'aie vraiment envie, c'est le *sucre*. Tout le reste n'est qu'apparence ; on ne peut pas emmener une princesse à dîner et commander un biscuit comme entrée — même si on en crève d'envie. Les gens s'attendent à vous voir ingurgiter des protéines, et vous le faites pour éviter les histoires. (Si vous décidez de vous entêter et que vous commandez un biscuit, vous vous retrouverez coincé, obligé d'expliquer pourquoi vous en avez envie et quelle est cette philosophie qui vous fait manger des biscuits au dîner. Ce serait tellement ennuyeux que vous préférez commander de l'agneau et oublier ce que vous aviez réellement envie de manger.)

J'ai enregistré ma première bande en 1964. J'essaie maintenant de me rappeler les circonstances exactes de ce que j'ai enregistré pour ma première bande. Je me rappelle qui c'était, mais je ne me rappelle plus pourquoi je trimbalais un magnétophone ce jour-là ni pourquoi j'étais allé en acheter un. Je crois que tout a commencé parce que j'essayais de faire un livre. Un ami m'avait envoyé un mot pour me dire que tous les gens que nous connaissions écrivaient un livre — et j'ai voulu être à la hauteur et en écrire un, moi aussi. J'ai donc acheté un magnétophone, et j'ai enregistré la personne la plus intéressante de mon entourage à l'époque, Ondine, pendant toute une journée. J'étais curieux de toutes ces personnes nouvelles que je rencontrais et qui pouvaient rester des semaines sans dormir. Je me disais, « Ces gens ont une imagination folle. Il faut que je comprenne ce qu'ils font, pourquoi ils sont à ce point créatifs et imaginatifs, à parler sans cesse, toujours occupés, pleins d'énergie... Comment peuvent-ils ne jamais dormir et n'être jamais fatigués ? », et quatre jours ont passé ainsi. J'étais farouchement déterminé à rester sur pied jour et nuit pour enregistrer Ondine, la plus bavarde et la plus énergique de tous. Mais j'ai fini par m'épuiser tellement que j'ai terminé les vingt-quatre heures d'enregistrement quelques jours plus tard. C'est ainsi que *A*, mon roman, était un faux, puisqu'il était censé représenter vingt-quatre heures consécutives d'enregistrement, et qu'il avait été enregistré en plusieurs fois. J'ai employé vingt bandes, car j'utilisais des mini-cassettes. Précisément à ce moment-là, des gosses sont arrivés au studio et m'ont demandé s'ils pouvaient faire des petits boulots, je leur ai donc proposé de transcrire mon roman et de le taper à la machine, et il leur a fallu un an et demi pour taper une malheureuse journée ! Ça me paraît incroyable maintenant, parce que je sais que, s'ils avaient eu un peu de cran, ils auraient fini en une semaine. Je leur lançais de temps à autre un coup d'œil admiratif parce qu'ils m'avaient convaincu que la dactylographie était l'une des activités les plus lentes et les plus pénibles du monde. Je me rends maintenant compte que j'avais des dactylos-résidus, mais je l'ignorais alors. Sans doute leur plaisait-il de se mêler à tous ces gens qui traînaient dans le studio.

Autre chose que je n'ai jamais compris, c'était cette foule de gens qui ne dormaient jamais et qui annonçaient tout le temps, « J'en suis à mon neuvième jour, c'est fabuleux ! », alors je me suis dit, « Peut-être est-il temps de tourner un film sur quelqu'un qui dort toute la nuit ».

Mais je n'avais qu'une caméra de trois minutes, et il fallait que je la recharge toutes les trois minutes pour tourner trois minutes. J'ai ralenti le film pour compenser les trois minutes que je perdais à changer le film, et nous l'avons repassé au ralenti pour compenser le temps que je n'avais pas filmé.

Je dois sans doute avoir une interprétation très relâchée du travail, car j'estime que se maintenir en vie est déjà un énorme travail qu'on n'a pas toujours envie de faire. Naître, c'est comme se faire kidnapper. Puis être vendu en esclavage. Les gens travaillent à chaque instant. La machine tourne sans cesse. Même quand on dort.

Le travail le plus dur que j'aie jamais dû faire mentalement, c'était d'aller en justice et de me faire injurier par un avocat. On est vraiment seul quand on se trouve à la barre des témoins et qu'aucun ami ne peut vous défendre, et que tout est calme sauf vous et l'avocat, et que l'avocat vous insulte et que vous êtes obligé de le laisser dire.

J'adorais travailler quand je faisais de l'art commercial et qu'on vous disait ce qu'il fallait faire et comment il fallait le faire, et qu'il n'y avait plus qu'à le corriger pour qu'ils vous disent oui ou non. Le plus dur, c'est quand il faut imaginer soi-même les choses totalement dénuées de goût qu'il faut faire. Quand je pense au genre de personne que j'aimerais par-dessus tout engager — c'est un patron. Un patron qui me dirait ce qu'il faut faire, parce que ça simplifie rudement le travail.

A moins d'avoir un métier où il faut faire ce qu'un autre vous dit de faire, la seule « personne » qualifiée pour vous servir de patron serait un ordinateur programmé tout exprès pour vous, qui prendrait en considération vos finances, vos préjugés, vos caprices, votre potentiel d'idées, vos accès de colère, vos talents, vos conflits de personnalité, votre taux de croissance souhaité, le niveau et la nature de la concurrence, ce qu'il faut manger au petit déjeuner le jour où vous devez remplir un contrat, de qui vous êtes jaloux, etc. Il y a beaucoup de gens qui pourraient m'aider dans divers secteurs de mon travail, mais seul un ordinateur me serait totalement utile.

Si j'avais un bon ordinateur, je pourrais rattraper le cours de mes pensées pendant le week-end quand je prends du retard. Un ordinateur serait un patron parfaitement qualifié.

Une chose que je ne fais plus tellement et que je devrais faire, c'est rencontrer davantage de gens scientifiques. Je crois qu'on pourrait organiser un dîner formidable si chaque invité était obligé d'apporter une nouvelle scientifique — personne n'aurait l'impression d'avoir perdu son temps à nourrir la machine avec des produits purement alimentaires. Rien sur les maladies, toutefois. Uniquement des nouvelles de sciences pures.

Les gens m'envoient beaucoup de cadeaux par la poste, mais je regrette de ne pas recevoir d'envois scientifiques que je pourrais comprendre au lieu de tous ces cadeaux et ces envois artistiques. Cela me donnerait l'envie d'ouvrir à nouveau mon courrier.

Quand je travaille à un projet d'affaires, je m'attends toujours au pire. J'envisage toujours que mes accords vont s'écrouler de la plus effroyable manière possible. Mais je me dis que je ne devrais pas me faire autant de soucis. S'il doit vous arriver quelque chose, eh bien, cela vous arrivera, vous ne pouvez rien y faire. Les choses n'arrivent que lorsque vous avez dépassé le stade de les vouloir ou de ne pas les vouloir. Une de mes amies actrices m'a raconté qu'elle a eu de l'argent et des bijoux lorsqu'elle n'a plus convoité l'argent ni les bijoux. J'imagine qu'il en est ainsi pour notre bien, et que c'est seulement une fois qu'on ne désire plus les choses, que leur possession ne rend pas fou. Une fois que vous avez cessé de les vouloir, alors vous pouvez supporter de les avoir.

Ou avant. Mais jamais pendant. Tout se déforme quand vous avez à portée de main ce que vous désirez follement.

Le travail le plus difficile, après le fait d'être vivant, c'est d'avoir des rapports sexuels. Bien entendu, il existe des gens pour qui ce n'est pas un travail parce qu'ils ont besoin d'exercice, qu'ils ont suffisamment d'énergie pour faire l'amour, et que le sexe leur en donne encore plus. A certaines personnes ça donne de l'énergie, à d'autres, ça en prend. J'ai constaté que c'était trop de travail. Mais si vous avez le temps, et que vous manquez d'exercice — alors, faites-le. Mais vous pourriez vous épargner de sérieux problèmes, dans un sens comme dans l'autre, en établissant d'abord si vous êtes du genre qui acquiert de l'énergie, ou du genre qui en perd. Moi, j'en perds. Mais je comprends très bien quand je vois des gens se dépenser pour tenter d'en acquérir.

Il est aussi difficile pour une personne attrayante de *ne pas avoir* de rapports sexuels que *d'en avoir* pour une personne rébarbative, et c'est bien pratique quand les gens attrayants acquièrent de l'énergie grâce au sexe et que les gens rébarbatifs y perdent de l'énergie, car ainsi leurs désirs correspondent à la direction où les poussent les autres.

De même qu'avoir des rapports sexuels, être sexué est un dur labeur. Je me demande s'il est plus difficile 1) pour un homme d'être un homme, 2) pour un homme d'être une femme, 3) pour une femme d'être une femme, 4) ou pour une femme d'être un homme. Je ne connais pas la réponse mais, d'après mes observations couvrant les divers types, je sais que ce sont les hommes qui essaient d'être des femmes qui pensent se donner le plus de mal. Ils travaillent à double temps. Ils font tout en double : ils pensent à se raser et ne pas se raser, à s'attifer et ne pas s'attifer, à acheter des vêtements d'homme et à acheter des vêtements de femme. J'imagine qu'il doit être passionnant d'essayer de changer de sexe, mais il peut être passionnant de tout simplement garder celui qu'on a.

Un de mes amis a trouvé le mot juste : « Les gens frigides réussissent. » Les gens frigides n'ont pas les problèmes émotionnels ordinaires qui retiennent les gens et les empêchent de réussir. Quand j'avais vingt ans et que je venais d'arrêter mes études, je voyais bien que je n'étais pas suffisamment frigide pour empêcher les problèmes de me détourner de mon travail.

Je croyais que les gens jeunes avaient plus de problèmes que les gens plus âgés, et j'espérais durer assez longtemps pour ne plus avoir tous ces problèmes. Puis j'ai regardé autour de moi, et j'ai vu que tous ceux qui paraissaient jeunes avaient des problèmes de jeunes, et que tous ceux qui paraissaient vieux avaient des problèmes de vieux. Les problèmes de vieux me paraissaient plus faciles à affronter que les problèmes de jeunes. J'ai donc décidé d'avoir les cheveux gris pour que personne ne sache quel âge j'avais, et pour paraître plus jeune à leurs yeux qu'ils ne *croyaient* que je l'étais en réalité. J'allais tirer un grand profit de mes cheveux gris : 1) j'aurais des problèmes de vieux, bien plus faciles que les problèmes de jeunes, 2) tout le monde serait impressionné de voir comme j'aurais l'air jeune, et 3) je serais libéré de la responsabilité d' « agir jeune » — je pourrais de temps à autre me laisser aller à l'excentricité et à la sénilité, et personne n'en penserait rien à cause de mes cheveux gris. Quand vous avez les cheveux gris, tout ce que vous faites paraît « jeune » et « vif », au lieu d'être tout bêtement actif. C'est comme l'acquisition d'un nouveau talent. Je me suis donc teint les cheveux en gris vers vingt-trois ou vingt-quatre ans.

Ce que je recherche chez un associé, c'est une certaine incompréhension de ce que j'essaie de faire. Pas une incompréhension fondamentale : simplement des petites incompréhensions ici et là. Si quelqu'un ne comprend pas vraiment ce que vous attendez de lui, ou s'il n'a pas très bien entendu ce que vous lui demandiez de faire, ou si la bande est mauvaise, ou encore si ses propres fantasmes commencent à percer, je finis généralement par aimer davantage ce qui en sort que je n'aimais mon idée au départ. Si, ensuite, vous prenez ce qu'a fait la personne qui vous avait mal compris et que vous le donnez à quelqu'un d'autre en lui demandant de le faire davantage comme il sait que vous le souhaiteriez, ce n'est pas mal non plus. Si les gens n'avaient jamais d'incompréhension et qu'ils faisaient toujours exactement tout comme on le leur demande, ils ne feraient que transmettre vos idées et ce serait terriblement ennuyeux. Mais quand on travaille avec des gens qui comprennent mal, on obtient des *transmutations* et non des *transmissions*, et c'est bien plus intéressant à la longue.

J'aime que les gens qui travaillent pour moi aient leurs propres idées sur les choses afin de ne pas m'ennuyer, mais j'aime aussi qu'ils soient suffisamment semblables à moi pour me tenir compagnie. J'aime bien être bordé, mais pas débordé.

Je trouve qu'on devrait instituer des cours universitaires pour les bonnes à tout faire et leur donner un titre prestigieux. Les gens ne veulent plus rien faire s'il n'y a pas un titre prestigieux collé dessus. L'idée de l'Amérique, théoriquement, est fabuleuse parce que nous avons balayé les bonnes et les concierges — mais il faut quand même bien que quelqu'un le fasse. Je persiste à penser que même des gens fort intelligents pourraient tirer profit d'un emploi de domestique, parce qu'ils verraient quantité de gens intéressants et qu'ils travailleraient dans les plus belles maisons. Ce que je veux dire, c'est que tout le monde fait quelque chose pour quelqu'un d'autre — votre fabricant de chaussures fait des chaussures pour vous, et vous lui procurez des divertissements — c'est toujours un échange et, s'il n'y avait pas certains stigmates liés à certains emplois, l'échange serait toujours égal. Une mère fait sans cesse des choses pour son enfant, alors qu'y a-t-il de mal à ce que des gens fassent des choses pour vous dans la rue ? Mais il y aura toujours des gens qui ne font pas le ménage pour se croire supérieurs à ceux qui font le ménage.

J'ai toujours pensé que le président pourrait faire beaucoup pour changer les images. Si le président allait dans des toilettes publiques au Capitole et se faisait filmer par les caméras de télévision en train de nettoyer les toilettes en disant : « Pourquoi pas ? Il faut bien que quelqu'un le fasse », ce serait un immense apport pour le moral des gens qui font cet admirable travail de nettoyer les toilettes. Je veux dire qu'ils font là quelque chose d'admirable.

Le président a un considérable potentiel de propagande encore inutilisé. Il devrait bien consacrer une journée à faire la liste de toutes les choses que les gens sont embarrassés de faire et qu'ils ne devraient pas être embarrassés de faire, et puis toutes les faire à la télévision.

Il m'arrive, avec B, de rêver à ce que je ferais si j'étais président — comment j'emploierais mon temps d'antenne à la télévision.

Les hôtesses de l'air ont la meilleure image publique qui soit. Leur travail est en vérité le même que celui des serveuses de chez Bickford's, avec quelques corvées en plus. Je ne cherche pas à rabaisser les hôtesses de l'air, je cherche simplement à réévaluer les serveuses de chez Bickford's. La différence, c'est que l'hôtesse de l'air fait un métier du Nouveau Monde qui n'a jamais eu à souffrir des stigmates laissés par le syndrome de l'aristocratie rurale de l'Ancien Monde.

Ce qu'il y a de formidable dans ce pays, c'est que l'Amérique a créé la tradition où les plus riches consommateurs achètent la même chose que les plus pauvres. Vous pouvez regarder la télévision et voir Coca-Cola, et vous pouvez savoir que le président boit du Coca, Liz Taylor boit du Coca, et pensez donc, vous aussi, vous pouvez boire du Coca. Un Coca est un Coca, aucune somme d'argent au monde ne peut vous procurer un meilleur Coca que celui du clochard au coin de la rue.

Tous les Coca sont pareils, et tous les Coca sont bons. Liz Taylor le sait, le président le sait, le clochard le sait, et vous le savez.

En Europe, la royauté et l'aristocratie mangeaient beaucoup mieux que les paysans — leurs nourritures étaient totalement différentes. C'était la perdrix sans les choux ou les choux sans la perdrix, et chaque classe se cramponnait à sa nourriture. Mais quand la reine Elisabeth est venue, et que le président Eisenhower lui a acheté un hot dog, je suis sûr qu'elle a compris l'essentiel : elle n'aurait pas pu se faire apporter au palais de Buckingham un meilleur hot dog que celui qu'il lui a acheté pour peut-être vingt *cents* au kiosque du parc. Car il n'y a pas de meilleur hot dog qu'un hot dog de kiosque dans un jardin public. Ni pour un dollar, ni pour dix dollars, ni pour cent mille dollars. Elle pouvait en acheter un à vingt *cents,* comme n'importe qui d'autre.

On s'imagine parfois que les gens vraiment riches et célèbres qui mènent la grande vie ont quelque chose de plus, que leurs affaires doivent être plus belles que les vôtres parce qu'ils ont plus d'argent. Mais ils boivent les mêmes Coca et mangent les mêmes hot dogs et portent les mêmes vêtements fabriqués par les ouvrières du même syndicat ILGWU et voient les mêmes émissions de télé et les mêmes films. Les gens riches ne peuvent pas voir une version plus bête de *Truth or Consequences* ou une version plus effroyable de *L'Exorciste.* Vous pouvez vous révolter autant qu'eux — vous pouvez avoir les mêmes cauchemars. Tout cela est vraiment américain.

L'idée d'Amérique est formidable, parce que plus une chose est égale, et plus elle est américaine. Ainsi, il y a beaucoup d'endroits où l'on vous accorde un traitement spécial quand vous êtes célèbre, mais ce n'est pas vraiment américain. Il m'est arrivé quelque chose de *vraiment* américain, l'autre jour. J'allais à la salle des ventes de Parke-Bernet, et on ne m'a pas laissé entrer parce que j'avais mon chien avec moi ; et j'ai donc dû attendre dans le hall l'ami que je devais retrouver là, pour lui dire qu'on m'avait refoulé. Et tandis que j'attendais dans le hall, je signais des autographes. C'était vraiment une situation typiquement américaine.

(A ce propos, le « traitement spécial » peut fort bien être inversé quand vous êtes célèbre. Il arrive que les gens soient méchants avec moi parce que je suis Andy Warhol.)

Chaque fois que c'est possible, on devrait essayer de payer les gens selon les critères qui conviennent le mieux à leur talent ou à leur métier. Un auteur peut vouloir être payé au mot, à la page, au nombre de fois où le lecteur éclate en sanglots ou éclate de rire, au chapitre, au nombre d'idées neuves présentées, au livre, ou à l'année — pour ne nommer que quelques possibilités. Un metteur en scène peut vouloir être payé au film, ou au mètre, ou au nombre de fois où apparaît une Chevrolet sur l'écran.

Je pense encore aux bonnes. C'est vraiment une affaire d'éducation. Il y a des gens que l'idée d'avoir quelqu'un pour nettoyer derrière eux n'embarrasse pas et, même si je parle du métier de bonne comme de n'importe quel autre parce que je sais qu'il *devrait* être considéré de la même manière que n'importe quel autre, quand même, quelque part, tout au fond de moi, je suis sincèrement gêné à l'idée que quelqu'un viendra nettoyer derrière moi. Si j'étais vraiment capable de penser au métier de bonne comme je pense à celui, disons de dentiste, je n'éprouverais plus le moindre embarras à laisser une bonne nettoyer derrière moi, pas plus qu'à laisser un dentiste prendre soin de mes dents. (En fait, le dentiste est un mauvais exemple, car je *suis* embarrassé à l'idée de le laisser prendre soin de mes dents, surtout si j'ai la peau couverte de boutons et si les lumières vertes sont braquées sur moi. Mais je m'en tiens à cet exemple parce que l'embarras que j'éprouve à laisser quelqu'un me nettoyer les dents n'est rien en comparaison de celui que j'éprouve quand quelqu'un se trouve là pour faire le ménage derrière moi.)

Je ne pense au problème de savoir comment regarder une bonne que dans les hôtels européens ou quand je séjourne chez quelqu'un. On se sent terriblement maladroit, face à une bonne. Je n'ai jamais pu m'y faire. Je connais des gens qui sont très à l'aise quand ils regardent une bonne et même quand ils lui disent ce qu'ils aimeraient qu'elle fasse, mais je ne sais pas m'y prendre. Quand je vais à l'hôtel, je me retrouve en train de passer le maximum de temps dans ma chambre pour empêcher la femme de chambre d'entrer. J'en fais un point d'honneur. Parce que je ne sais pas où poser les yeux, où regarder, que faire, pendant qu'elles font le ménage. C'est un énorme travail, d'éviter la femme de chambre, quand j'y pense.

Quand j'étais enfant, je n'ai jamais rêvé d'avoir une bonne, ce dont je rêvais, c'était d'avoir des bonbons. En grandissant, ce fantasme a évolué en « gagner de l'argent pour avoir des bonbons », parce que en vieillissant on devient évidemment plus réaliste. Après ma troisième dépression nerveuse, alors que je n'avais toujours pas de bonbons supplémentaires, ma carrière a commencé à s'améliorer, et j'ai commencé à avoir de plus en plus de bonbons, et maintenant j'ai une pièce pleine de bonbons dans des sacs en plastique. Et c'est ainsi, maintenant que j'y pense, que le succès m'a apporté une chambre en sucre au lieu d'une chambre de bonne. Comme je l'ai dit, tout dépend de vos rêves d'enfant, et si vous êtes capable de regarder une bonne ou non. Etant donné ce qu'étaient mes fantasmes, je suis maintenant bien plus détendu quand je regarde une tablette de chocolat Hershey.

C'est curieux, comme le fait d'avoir de l'argent compte peu. Vous emmenez trois personnes au restaurant et vous en avez pour trois cents dollars. Bon. Prenez ces mêmes trois personnes, emmenez-les dans un snack, et commandez tout. Vous êtes exactement aussi nourri — et même plus — au snack qu'au grand restaurant, et cela ne vous a coûté que quinze ou vingt dollars — et vous avez sensiblement mangé la même chose.

J'essayais l'autre jour d'imaginer ce qu'on fait aujourd'hui en Amérique si l'on veut réussir. Autrefois, il fallait inspirer confiance et porter un costume bien coupé. En regardant autour de moi, j'ai l'impression qu'on fait la même chose à l'heure actuelle, à l'exception du costume bien coupé. J'imagine que c'est la seule différence. Pensez riche et semblez pauvre.

7
Temps

A : *Je pense toujours aux gens qui construisent des immeubles et puis qui disparaissent. Ou à un film avec une scène de foule où tout le monde est mort. C'est effrayant.*

J'essaie de penser à l'heure qu'il est, et tout ce que j'arrive à penser, c'est : « Le temps passe, le temps est passé. »

On dit : « Le temps dans la main. » Bon, j'ai regardé mes mains, et j'ai vu plein de lignes. Et puis quelqu'un m'a dit que certaines personnes n'avaient pas de lignes. Je ne l'ai pas crue. Nous étions dans un restaurant et elle s'est exclamée : « Comment peux-tu dire cela ! Regarde le serveur, là-bas ! » Elle l'a appelé : « Garçon ! Garçon ! Apportez-moi un verre d'eau, mon chou ! » Et quand il l'a apporté, elle lui a attrapé la main et me l'a montrée : il n'avait pas de lignes ! Seulement les trois principales. Et elle m'a dit : « Tu vois ? Je te l'avais dit. Il y a des gens comme ce serveur qui n'ont pas de lignes. » Et je me suis dit : « Mince, c'est bête que je ne sois pas serveur. »

Si les lignes de la main sont des rides, ça signifie que les mains ont beaucoup de soucis.

Il arrive qu'on soit invité à un grand bal, et pendant des mois on s'imagine comme ce sera beau et merveilleux. Et puis on s'envole pour l'Europe, on va à ce bal, et quand on y repense deux mois plus tard, on ne se rappelle que le trajet en voiture pour y aller, et rien du bal lui-même. Parfois, les petits moments qu'on croit n'être rien pendant qu'ils se produisent finissent par être ce qui a marqué toute une période de votre vie. J'aurais bien plutôt dû rêver pendant des mois à ce trajet en voiture pour aller au bal, à la manière de m'habiller pour ce parcours, au billet d'avion qui me permettrait cette promenade en voiture. Et ainsi, qui sait, peut-être aurais-je pu me rappeler le bal.

Certaines gens décident d'être vieux, et se mettent à faire exactement ce que sont censés faire les vieux. Mais quand ils avaient vingt ans, ils faisaient ce que les gens de vingt ans sont censés faire. Et il y a ces autres gens qui paraissent avoir vingt ans toute leur vie. Je trouve fascinant de voir les stars de cinéma — puisqu'elles sont plus engagées que les autres dans ce processus — qui ont travaillé sur leur beauté, et qui ont encore toute leur énergie parce qu'elles travaillent encore sur leur moi jeune.

Puisque les gens vont vivre plus longtemps et devenir plus vieux, il faudra qu'ils apprennent à rester bébés plus longtemps. Je pense que c'est ce qui se produit actuellement. Certains gosses que je connais personnellement restent bébés plus longtemps.

J'étais un jour à Paris, et il y avait une vieille dame qui me regardait fixement, dans la rue. Je me suis dit : « Oh, elle doit me regarder parce qu'elle est anglaise », car les Anglais me reconnaissent toujours à cause d'une désastreuse émission de TV qui m'avait donné la vedette. J'ai donc plus ou moins détourné les yeux, mais elle m'a town il y a vingt-huit ans et demi. Vous portiez un chaet elle a ajouté : « Vous êtes venu chez moi à Provincetown il y a vingt-huit ans et demi. Vous portiez un chapeau de soleil. Vous ne vous souvenez pas de moi, mais je ne vous oublierai jamais avec ce chapeau de soleil. Voyez-vous, vous ne supportiez pas le soleil. » Je me suis senti bizarre parce que je ne me rappelais rien et qu'elle s'en souvenait au mois près. Pouvoir dire « il y a vingt-huit ans et demi » sans même s'interrompre pour récapituler, cela signifie qu'elle en tenait le compte et qu'elle disait : « Voici déjà dix-neuf ans qu'il est venu avec son chapeau de soleil. » C'était très curieux — son mari était là, et ils n'étaient pas d'accord sur la date. Il déclara : « Non, non, non. Nous n'étions pas encore mariés, tu te rappelles ? Ce devait être il y a vingt-six ans et neuf mois. »

Certaines gens trouvent Paris plus esthétique que New York. Bah, à New York on n'a pas le temps de penser à l'esthétique, car il faut une demi-journée pour traverser la ville jusqu'au sud et une demi-journée pour la traverser jusqu'au nord.

Le temps passe dans la rue quand vous tombez sur quelqu'un que vous n'avez pas vu depuis, disons cinq ans, et que vous jouez le jeu sur un seul niveau. Quand vous vous retrouvez sans la moindre émotion, là c'est formidable. Vous ne dites pas, « Que deviens-tu ? » — vous n'essayez pas de rattraper le temps perdu. Peut-être indiquez-vous que vous alliez chercher de la crème glacée dans la 8e Rue, peut-être mentionne-t-il quel film il allait voir, mais c'est tout. Juste une petite mise au point sans façon. Très léger, détendu, désinvolte — très américain. Personne ne s'agite, personne ne s'élance hors du temps, personne ne devient hystérique, personne n'a le cœur qui flanche. Alors c'est bon. Et si quelqu'un vous demande ce qu'est devenu Un tel, vous répondez simplement : « Oui, je l'ai vu hier qui buvait un lait malté dans la 53e Rue. » Restez à un seul niveau, comme si ça datait d'hier.

Il doit me manquer certains produits chimiques, et c'est pourquoi j'ai cette tendance à être un peu — fils à maman — Poule mouillée. Non, un fils à maman. Un « chérubin ». Je dois manquer de certains produits chimiques de responsabilité, et de certains produits chimiques de reproduction. Si je les avais eus, je penserais sans doute davantage au moyen de bien vieillir et de me marier quatre fois et d'avoir une famille — des femmes, des enfants, des chiens. Je suis immature, mais peut-être qu'il pourrait arriver quelque chose à ma constitution chimique, de manière à me faire mûrir. Je pourrais commencer à avoir des rides et cesser de porter mes barrettes.

On dit toujours que le temps change les choses, mais en vérité il faut les changer soi-même.

Les gens laissent parfois un même problème faire leur malheur pendant des années, alors qu'ils pourraient simplement dire : « Et alors ? » C'est une de mes phrases préférées : « Et alors ? »

« Ma mère ne m'a pas aimé. » Et alors.

« Mon mari ne veut pas me baiser. » Et alors.

« Je réussis mais je suis toujours seul. » Et alors.

Je me demande comment j'ai pu survivre toutes ces années, avant de trouver le truc. J'ai mis longtemps à l'apprendre, mais une fois qu'on l'a trouvé, on ne l'oublie plus jamais.

Qu'est-ce qui pousse les gens à gâcher leur temps dans la tristesse alors qu'ils pourraient être heureux ? J'étais en Extrême-Orient et je me promenais sur un sentier pendant que se déroulait une grande fête joyeuse — en fait, on brûlait quelqu'un vivant sur un bûcher. Et c'était la fête. Ils étaient heureux, ils chantaient et ils dansaient.

Et puis l'autre jour j'étais sur le Bowery et quelqu'un a sauté par la fenêtre d'un asile de nuit et s'est tué. Une foule s'est assemblée autour du corps, et alors un clochard s'est approché en zigzaguant et m'a dit : « T'as vu la comédie, en face ? »

Je ne prétends pas qu'on doive être heureux quand quelqu'un meurt, mais simplement je trouve curieux de voir des cas qui prouvent qu'il n'est pas *indispensable* de s'en attrister, selon votre point de vue sur la signification de la mort et ce que vous pensez de votre point de vue sur la signification de la mort.

On peut rire ou pleurer. Chaque fois qu'on pleure, on pourrait aussi bien rire, on a toujours le choix. Les gens dingues savent bien mieux en tirer parti, parce qu'ils ont l'esprit plus flexible. On peut donc prendre ce dont est capable la flexibilité d'esprit, et s'en servir. Décidez ce que vous voulez faire et comment vous voulez passer le temps. Rappelez-vous quand même qu'il doit me manquer certains éléments chimiques, et que ce doit être plus facile pour moi que pour ceux qui ont plein d'éléments chimiques porteurs de responsabilité, mais le même principe peut tout de même s'appliquer à toutes sortes de situations.

Quand mon temps sera fini et que je mourrai, je ne veux laisser aucun reste. Et je ne veux pas être un reste. Je regardais la télé cette semaine, et j'ai vu une dame entrer dans une machine à rayons et disparaître. C'était formidable, parce que la matière est énergie, elle s'est tout simplement éparpillée. Ce pourrait être une invention vraiment américaine, la meilleure invention américaine — pouvoir disparaître. De cette manière, on ne pourrait pas dire que vous êtes mort, on ne pourrait pas dire que vous avez été assassiné, on ne pourrait pas dire que vous vous êtes suicidé.

Le pire qui puisse vous arriver après la fin de votre temps, ce serait d'être embaumé et inhumé dans une pyramide. Je suis submergé de dégoût quand je pense aux Egyptiens qui prenaient chaque organe séparément pour l'embaumer dans un réceptacle individuel. Je veux que ma mécanique disparaisse.

Et pourtant, j'aime beaucoup l'idée qu'on se transforme en sable ou autre chose, et que la mécanique continue à travailler après la mort. J'imagine qu'en disparaissant on carotterait le travail que la mécanique doit encore accomplir. Et comme je crois au travail, je ne devrais sans doute pas envisager de disparaître à ma mort. Et de toute manière, ce serait fantastique d'être réincarné dans une énorme bague au doigt de Pauline de Rothschild.

Je vis véritablement pour l'avenir, car lorsque je mange une boîte de bonbons, j'exulte d'impatience à l'idée de manger le dernier. Je n'ai même pas envie de goûter les autres, j'ai envie de tout finir et de jeter la boîte pour m'en débarrasser l'esprit.

J'aime mieux les manger tout de suite ou savoir que je ne les aurai pas du tout, pour ne plus avoir à y penser.

C'est pourquoi il m'arrive parfois de souhaiter avoir l'air très vieux, pour ne plus avoir besoin de penser au moyen d'avoir l'air très vieux.

J'ai vraiment une allure épouvantable, et je ne me donne jamais la peine de me pomponner ni d'essayer d'être séduisant, parce que je n'ai aucune envie que quelqu'un s'attache à moi. Et c'est vrai. Je sabote ce que j'ai de bien, et je donne la vedette à ce que j'ai de moche. Et j'acquiers ainsi une allure épouvantable, en portant le pantalon qu'il ne faut pas et les chaussures qu'il ne faut pas, et j'arrive au mauvais moment avec les amis qu'il ne faut pas, et je dis ce qu'il ne faut pas aux gens qu'il ne faut pas, et *pourtant* il arrive que quelqu'un manifeste de l'intérêt, alors je fuis lâchement, et je me demande : « Qu'ai-je fait de travers ? » Et je rentre chez moi en essayant de deviner ce que c'était. « Bon, j'ai dû porter un vêtement que quelqu'un trouve attrayant. Je vais changer ça. Avant que ça n'aille trop loin. » Je m'installe devant mon miroir à trois faces et je m'examine : je découvre quinze nouveaux boutons sur mon visage, ça aurait dû les arrêter. Alors je me dis : « Que c'est étrange. Je sais que je suis affreux à voir. Je me suis donné du mal pour être particulièrement affreux à voir — particulièrement comme il ne faut pas — parce que je savais qu'il y aurait plein de gens comme il faut, et pourtant quelqu'un s'est intéressé... » Alors je commence à paniquer parce que je me rends compte que j'ignore ce qui est attrayant et donc à éliminer. Voyez-vous, je trouve vraiment trop difficile de commencer à connaître une nouvelle personne, car chaque nouvelle personne prend davantage de temps et d'espace. La seule manière de garder un peu de temps pour soi, c'est de se rendre tellement inattrayant que personne d'autre ne cherche à vous en prendre.

Quand je regarde de vrais professionnels, comme des comédiens de night-club, je suis toujours très impressionné par leur parfaite ponctualité, mais je ne pouvais jamais comprendre comment ils peuvent supporter de dire sans arrêt la même chose. Puis je me suis rendu compte qu'il n'y avait aucune différence, car on répète toujours les mêmes choses, de toute façon, qu'on vous le demande ou que ce soit votre métier. On fait généralement les mêmes erreurs. On applique ses erreurs habituelles à tous les nouveaux domaines abordés.

Quand je m'intéresse à quelque chose, je sais que ce n'est pas le bon moment, car je m'intéresse toujours à ce qu'il faut quand il ne faut pas. Je devrais commencer à m'intéresser juste après avoir perdu tout intérêt, car c'est précisément à l'instant où une idée cesse de m'obséder qu'elle se met à rapporter des millions de dollars à quelqu'un d'autre. Toujours mes bonnes vieilles erreurs.

J'ai pris une bonne leçon de temps à l'époque où je sillonnais New York pour voir des gens sur rendez-vous à leur bureau. Quelqu'un me donnait rendez-vous à dix heures, et je menais un combat d'enfer pour y être à l'heure juste, j'arrivais, et on ne me recevait qu'à une heure moins cinq. Quand on l'a vécu cent fois déjà, et que quelqu'un vous dit : « Dix heures ? » On répond : « Tiens, c'est bizarre, mais je crois que je viendrai plutôt à une heure moins cinq. » J'avais donc pris l'habitude d'arriver à une heure moins cinq. Ça a toujours marché : c'était l'heure à laquelle je voyais la personne de mon rendez-vous. Ainsi j'ai appris. C'était comme d'être rat de laboratoire ; on vous fait passer tous ces tests, pour vous récompenser quand finalement vous avez compris la manière de faire, et vous flanquer une taloche quand vous vous trompez — ainsi vous apprenez. J'ai donc appris quand les gens étaient disponibles.

La seule fois où mon système n'a pas marché, c'était avec Liz Taylor. J'étais à Rome et je tournais un film avec elle. Pendant une semaine, elle est apparue avec plusieurs heures de retard sur le plateau, et je me suis finalement dit : « Bon, demain prenons notre temps au lieu de nous lever à six heures et demie. » Et ce jour-là, elle est arrivée avant tout le monde. Avant l'habilleuse et le machiniste. C'est quasiment elle qui a mis le café en route. Elle vous tient vraiment en alerte. Elle a fait la même chose que moi, mais à l'envers, et j'ai été déboussolé parce que je ne la connaissais pas assez bien pour prévoir ce qu'elle ferait. En étant cinquante fois en retard puis une fois à l'heure, Liz Taylor applique sans doute le même principe que moi quand je me teins les cheveux en gris afin d'avoir l'air « jeune », quand je fais quelque chose avec une dose normale d'énergie. Quand elle est à l'heure, Liz Taylor semble en avance. De même qu'on vous découvre un nouveau talent quand soudainement, après avoir longtemps fait quelque chose très mal, on le fait un peu moins mal.

J'aime l'idée qu'à New York les gens doivent maintenant faire la queue pour voir un film. On passe devant plein de salles où s'étirent de longues, longues files. Mais personne ne semble en souffrir. Il est tellement cher de simplement vivre, à l'heure actuelle. Et puis si vous avez invité quelqu'un, vous pouvez passer tout le temps de votre rendez-vous à faire la queue, ce qui vous permet d'économiser de l'argent parce que vous n'avez pas besoin de chercher ce que vous pourriez faire d'autre en attendant et vous faites meilleure connaissance avec la personne qui vous accompagne, vous souffrez un peu ensemble, et puis vous passez deux heures de divertissement. Ainsi vous êtes devenus plus proches, vous avez partagé une expérience complète. Et puis l'idée d'attendre quelque chose le rend plus attrayant. Ne pas pouvoir entrer du tout est ce qu'il y a de plus excitant, mais attendre pour entrer est ce qu'il y a de plus excitant en second.

Si je n'avais le temps de prendre des vacances que tous les dix ans, je persiste à penser que je ne voudrais aller nulle part. Je m'installerais sans doute dans ma chambre, je retaperais l'oreiller, j'allumerais deux ou trois TV, j'ouvrirais une boîte de crackers Ritz, je briserais le sceau d'une boîte de chocolats Russell Stovers, je m'entourerais du dernier numéro de tous les magazines en vente au kiosque d'en bas sauf *TV Guide*, et je décrocherais mon téléphone pour appeler tous les gens que je connais et leur demander de regarder dans *TV Guide* ce qui passe, ce qui est passé et ce qui va passer. J'adore aussi relire le journal. Surtout à Paris. Je ne peux jamais relire assez le *Herald Tribune*, quand je suis à Paris. J'adore faire traîner les heures pendant que les autres vaquent à leurs entrefaites, à condition qu'ils viennent au rapport. Dans ma chambre, le temps coule très lentement — c'est seulement dehors, que tout se déroule très vite.

Je n'aime pas voyager, parce que j'aime trop la lenteur du temps, et pour prendre l'avion il faut partir trois ou quatre heures à l'avance, et c'est pour ainsi dire la journée qui y passe. Si vous tenez à ce que votre vie défile devant vous comme au cinéma, alors voyagez, et vous pourrez oublier votre vie.

J'adore mon train-train. Les gens me téléphonent et disent : « J'espère que je ne dérange pas ton train-train, en t'appelant ainsi. » Ils savent que j'adore ça.

Une erreur que je commets constamment, c'est de ne pas suivre la Règle d'Or : je bloque l'ascenseur. Et aussi, bien que j'essaie de jeter des choses et de simplifier ma vie, je me débarrasse surtout des choses sur le dos des autres.

Ce qui rend un film rapide, c'est quand on le voit et puis qu'on le revoit une seconde fois, là il passe vraiment très vite. Si vous voulez réellement souffrir, allez voir un film et retournez le voir. Vous verrez que votre souffrance passe bien plus vite la seconde fois.

Je peux voir un suspense policier un soir et le revoir une seconde fois le lendemain soir, et ne toujours pas savoir qui est l'assassin jusqu'à la dernière minute. Je vois bien que je ne suis pas normal, si je peux m'installer pour regarder *Thin Man* deux soirs de suite et ne toujours pas savoir qui est l'assassin jusqu'à la dernière minute... Et je serai exactement aussi nerveux sur le bord de ma chaise dans l'attente de savoir qui c'est, puis exactement aussi choqué que la veille au soir. Si je l'ai vu quinze fois, il est *possible* qu'une des quinze fois ça me revienne et que j'aie une brève illumination quant au dénouement. A mon avis, c'est le temps qui constitue la meilleure intrigue — le suspense de voir si on va se rappeler.

Quand j'étais petit j'étais souvent malade, et ces périodes de maladie étaient comme des entractes. Je jouais à la poupée.

Je ne découpais jamais mes poupées à découper. Les gens qui ont travaillé avec moi suggéreront sans doute que je les faisais découper par d'autres, mais la vérité, c'est que je ne voulais pas abîmer les belles pages où elles figuraient. J'ai toujours laissé mes poupées à découper dans mes albums à découper.

Quand je regarde autour de moi, à l'heure actuelle, le plus gros anachronisme que je puisse voir est la grossesse. Je ne peux pas croire que les gens soient encore enceintes.

Le meilleur moment, pour moi, c'est quand je n'ai pas de problème dont je ne puisse pas me tirer à bon compte.

8
Mort

A : Je suis désolé de l'apprendre. Je croyais qu'il y avait quelque chose de magique et que ça n'arriverait jamais.

Je n'y crois pas, parce qu'on n'est pas là pour savoir que c'est arrivé. Je ne peux rien en dire, car je n'y suis pas préparé.

9
Économie

A : Si vous êtes un Rockefeller, New York est vraiment à vous. Pouvez-vous imaginer cela ?

Je ne comprends que les BILLETS VERTS. Pas de traites négociables, pas de chèques personnels, pas de travellers' checks.

Et si vous donnez un billet de cent dollars à quelqu'un dans un SUPERMARCHÉ, ils *appellent le directeur.*

L'argent est SUSPECT parce que les gens pensent que vous n'êtes pas censés en avoir, même si vous en avez vraiment.

Je deviens PARANOÏAQUE quand je vais chez D'Agostino's parce que j'ai toujours un autre SAC EN PLASTIQUE et qu'ils veulent contrôler ce qu'il y a dedans, mais je refuse. Une femme n'a pas besoin de présenter son sac à main, et je refuse donc de présenter mon sac. C'est un principe. Je deviens paranoïaque à l'idée qu'ils pensent que je vole, alors je redresse la tête bien haut et je PRENDS L'AIR RICHE. Car je ne vole pas. Je vais droit au rayon crémerie avec tout mon argent et je suis heureux parce que je vais passer à tous les comptoirs et acheter des choses pour le rebord de la fenêtre de ma chambre.

Les gens riches ne transportent pas leur argent dans les portefeuilles ou des ceci Gucci ou des cela Valentino. Ils tranportent leur argent dans une enveloppe commerciale. Une longue enveloppe commerciale. Et les billets de dix sont attachés ensemble par un trombone, et ceux de cinq et de vingt aussi. En général, ce sont des billets neufs, envoyés par messager exprès par les bureaux de la banque — ou ceux du mari. Il n'y a qu'à signer. Et ça reste là jusqu'à ce qu'ils filent un billet de vingt dollars à leur fille.

La façon dont je préfère transporter l'argent, en fait, c'est en vrac. En paquets froissés. Dans un sac en papier, c'est bien aussi.

Un jour, je déjeunais avec une princesse qui avait un petit PORTE-MONNAIE ÉCOSSAIS qui représentait un BÉRET ÉCOSSAIS avec un POMPON. Nous nous trouvions au Women's Exchange, sur Madison Avenue. Elle sortit de l'argent bien craquant de son porte-monnaie et m'expliqua : « Tu vois ? Je le plie à la manière des Rothschild. Il s'use moins de cette manière. J'ai fait comme ça toute ma vie. » Elle pliait chaque billet séparément, dans le sens de la longueur, puis le repliait une seconde fois dans le sens de la longueur. Tout en argent neuf. Tout en un petit tas bien net. La théorie étant qu'il dure plus longtemps ainsi. C'est la manière dont les Rothschild plient leurs billets — pour qu'on ne les voie pas.

C'est *l'Histoire des Rothschild.*

J'avais un portefeuille français de très bonne qualité, que j'avais acheté en Allemagne pour cent cinquante dollars. Pour les gros billets. Les gros billets étrangers. Mais il s'est déchiré à New York et je l'ai porté chez le cordonnier, qui s'est trompé, il a recousu l'endroit où on met les billets — alors je ne peux plus m'en servir que pour les pièces.

L'argent liquide. Je ne peux pas être heureux tant que je ne l'ai pas. Dès l'instant où je le tiens, il faut que je le dépense. Et je n'achète que des IDIOTIES.

Les chèques ne sont pas de l'argent.

Quand j'ai cinquante ou soixante dollars en poche, je peux aller chez Brentano's m'acheter *La Vie de Rose Kennedy* et demander : « Puis-je avoir un reçu, s'il vous plaît ? »

Et plus j'ai de reçus mieux je m'amuse. Pour moi, maintenant, c'est même presque devenu de l'argent.

Et quand je vais chez le marchand de journaux et de cartes de vœux qui tient une petite loterie à la sauvette au coin de la rue, parce qu'il est tard et que tout est déjà fermé, j'entre avec beaucoup de CLASSE. Parce que j'ai de l'argent. J'achète le *Harper's Bazaar*, et puis je demande un reçu. Le vendeur m'engueule, et puis il le note sur un bout de papier blanc ordinaire. Je ne veux pas de cela. « Inscrivez la liste des magazines, s'il vous plaît. Et mettez la date. Et indiquez l'adresse du magasin en haut. » Comme ça, on dirait encore plus de l'argent. La raison pour laquelle je fais tout ça, c'est que je veux que cet homme sache que je suis un HONNÊTE CITOYEN, que je CONSERVE MES FACTURES et que JE PAIE MES IMPÔTS.

Et puis je vais manger, simplement parce que j'ai de l'argent, pas parce que j'ai faim. Je l'ai, il faut que je le dépense avant d'aller me coucher. Alors s'il est une heure du matin et que je suis toujours éveillé, je prends un taxi jusqu'à la pharmacie ouverte toute la nuit, et j'achète ce qu'on nous a matraqué le soir même à la télévision.

J'achèterais n'importe quoi dans une pharmacie au milieu de la nuit. Je ferai laisser le magasin ouvert un peu plus tard pour moi, pour pouvoir finir, parce qu'ils savent que j'ai de l'argent — c'est ça, le prestige. Pas vrai ? L'étape suivante, c'est d'arriver à si bien connaître la boutique qu'ils me font crédit. Je leur explique que je déteste recevoir des factures par le courrier parce que ÇA ME DÉPRIME. « Dites-moi ce que je vous dois tout de suite », je leur demande, « et je reviendrai vous payer la semaine prochaine quand j'aurai plus d'argent liquide. Donnez-moi la note, et quand je vous la rapporterai, vous pourrez écrire PAYÉ dessus. »

Quand on a remboursé quelqu'un, on ne le rencontre plus jamais. Mais avant, ils sont PARTOUT.

Quand j'ai beaucoup d'argent, mes pourboires sont tout

simplement ridicules. Si la course coûte un dollar trente, je dis gardez les deux dollars... Mais si je n'ai pas d'argent, je réclame les vingt *cents* de monnaie.

Un jour, j'ai donné cent dollars à un chauffeur de taxi. Dans le noir, j'ai cru que c'était un dollar. Le compteur marquait soixante *cents* (c'était avant la dernière augmentation des tarifs), et je lui ai dit de garder la monnaie. Ça n'a pas cessé de me déprimer depuis.

Il m'arrive de prendre un taxi sans argent pour aller quelque part en chercher. A la banque, ou au bureau, ou chercher de l'argent qu'on m'a laissé chez un concierge. En partant ainsi sans argent en taxi, je suis obligé de faire tout un cinéma avec le chauffeur. Il a fermé cette vitre en plexiglas qui vous donne aussitôt l'impression d'être un criminel — l'impression que vous allez lui tirer dessus ou l'agresser. Alors on se trouve absolument obligé de convaincre le type et de s'en faire aimer, de lui expliquer qu'on va simplement chercher une enveloppe chez un concierge. Je déclare : « Je vous laisserai mon sac à papier », mais ensuite je relève son numéro pour si jamais il fiche le camp, et puis je cours chercher mon enveloppe. Lors d'une certaine course que je fais souvent, je ramasse l'enveloppe et généralement je me précipite au bureau de tabac d'à côté pour le faire encaisser. S'ils ne peuvent pas l'encaisser, je vais chez Riker's, la porte à côté. Ils ne peuvent jamais l'encaisser. Puis je vais chez le marchand de cravates — il peut toujours l'encaisser. Puis je remonte en taxi et j'annonce au chauffeur, « Ramenez-moi d'où je viens ». Et voilà, ce petit voyage m'a coûté la moitié de ce que je suis venu chercher (avec le pourboire que j'avais promis au chauffeur). Ensuite, il faut que j'aille claquer de l'argent dans un magasin d'alimentation diététique. J'en gaspille pour un dentifrice organique rose qui me rappelle des souvenirs de dentifrice rose d'Elisabeth Arden. Je veux trouver quelque chose qui ait le goût du dentifrice Ipana d'autrefois, dans son tube jaune.

Je ne prends des taxis que parce que j'aime parler. S'ils ne mettent pas le compteur, je leur demande à mi-chemin : « Pourquoi ne branchez-vous pas le compteur ? Eh bien, c'est une petite course, alors j'avais pensé... Vous aviez pensé ! Si vous m'aviez dit. " Est-ce que je peux laisser tomber le compteur ? ", j'aurais dit bien sûr, je vous aurais donné le prix que ça coûte et un pourboire en plus. Et maintenant nous voilà ici, avec rien au compteur, légalement je ne vous dois rien. » Là, ils sont bien obligés de dire, « Non... » Alors je lui jette vingt-cinq *cents*, et je dis : « Vous voyez ? Il vaut mieux demander. Il n'y a pas moyen de coincer le système. »

On ne peut pas encore raconter aux informations le moyen de coincer le système, mais c'est justement ce que les gens veulent savoir.

C'est formidable d'acheter des amis. Je pense qu'il n'y a rien de mal à avoir de l'argent et à s'en servir pour attirer les gens. Regardez qui vous attirez : TOUT LE MONDE !

Je connais un type qui est très riche et sa paranoïa, à longueur de journée, c'est que les gens ne s'intéressent à lui que pour son argent. Mais il est toujours le premier à vous raconter qu'il vient d'aller à Washington dans son avion particulier, mais que pour Los Angeles il a pris un vol commercial.

Si vous avez l'air minable mais que vous avez quinze dollars en poche, vous pouvez quand même donner aux gens l'impression que vous avez de l'argent. Vous n'avez qu'à descendre chez le marchand de vins et acheter une bouteille de champagne. Vous pouvez ainsi impressionner toute une salle, et avec un peu de chance vous ne les reverrez jamais, alors ils penseront toujours que vous avez de l'argent. Je ne sais pas être riche et faire semblant d'être pauvre. Je sais seulement être pauvre et faire semblant d'être riche.

Je connais une femme qui téléphone chaque après-midi à quelqu'un pour lui dire : Je vous payerai cent dollars pour me baiser. » Fabuleux. Elle se les choisit très séduisants, de bonne famille et tout, mais ils ont peut-être besoin de quelques dollars de plus pour changer les roues de leur Mercedes. Cette fille-là n'a pas de diamants, ses vêtements ne coûtent pas grand-chose, et pourtant il y a de « l'argent » dans son nez, ses oreilles, son cerveau. Il y en a aussi dans ses pommettes, ça la structure. Un livreur d'épicerie pourrait venir, si vous lui demandiez : « Regardez-la, est-elle riche ou pauvre ? », il saurait. Parce qu'elle porte « l'argent » sur sa figure. Elle peut marcher dans la rue en fumant une cigarette, elle peut héler un taxi — elle le fait avec un tel raffinement que ça change tout.

J'ai horreur du dimanche : il n'y a rien d'ouvert, sauf les magasins de fleurs et les librairies.

L'argent, c'est de l'argent. Peu importe que je l'aie gagné difficilement ou facilement. Je le dépense de la même manière.

J'aime l'argent sur les murs. Supposons que vous soyez sur le point d'acheter un tableau de 200 000 dollars. A mon avis, vous feriez mieux de prendre cet argent, d'en faire une liasse, et de l'accrocher au mur. Quand on vous rendrait visite, la première chose qu'on verrait serait l'argent au mur.

A mon avis, il ne faut pas que tout le monde ait de l'argent. L'argent ne doit pas être pour tous — on ne saurait plus qui est important. Quelle monotonie. De qui parlerait-on ? De qui médirait-on ? Plus jamais cette jouissance quand quelqu'un vous demande : « Tu pourrais me prêter vingt-cinq dollars ? »

Noël, c'est quand il faut aller chercher des billets neufs tout crissants à la banque pour les mettre dans des enveloppes achetées au tabac du coin, pour les étrennes. Quand il a reçu ses étrennes, le concierge part en congé de maladie ou change d'emploi, et le nouveau ne se laisse pas épater.

J'adore avoir le meilleur fauteuil d'orchestre pour un spectacle de Broadway, partir à la fin du premier acte et attraper la fin du spectacle d'à côté — là aussi, le meilleur fauteuil. Et ça me fait deux tickets. C'est du travail, car je « fais » les deux.

Les carnets de chèques ordinaires ne m'ont jamais intéressé — je n'ai jamais voulu que celui du comptoir parce qu'à mon avis, ça a plus de classe.

ALLONGÉ DANS MA BAIGNOIRE AVEC UN OREILLER SOUS LA TÊTE JE ME SENS TRÈS RICHE. L'oreiller que j'ai eu pour 3,95 dollars, en envoyant un couvercle de boîte. Peut-être est-ce une illusion. De grandeur. Mais quand on paie les notes de téléphone que je paie chaque mois, on sait qu'on a les moyens.

C'est amusant d'acheter plein de trucs pour pas grand-chose. D'abord on achète un sac en plastique chez Lamston's — pour trente *cents,* et puis on le *remplit.* On dépense quelque chose comme soixante dollars chez Lamston's, on rentre chez soi, on étale tout sur le lit et on efface les prix avec du Comet, là où il y a écrit « $ 1.69 ». Puis dès l'instant où tout est rangé, on a envie de retourner acheter plein d'autres choses. On va donc à Greenwich Village. Là, on passe fièrement devant un fleuriste pour lui faire croire qu'on va chez le fleuriste de luxe sur l'autre trottoir. Et puis on veut impressionner le fleuriste, alors on entre et on dit : « J'achète. » Et on rapporte tout ça chez soi et l'on remplit sa chambre de fleurs. On se sent alors si riche qu'on a envie de laisser la porte entrouverte pour que les gens puissent voir à travers le palier que vous êtes riches. Mais pas trop, sinon on a peur d'être cambriolé.

Un jour où j'avais beaucoup d'argent, j'ai couru m'acheter ma première télévision en couleurs. Le fourmillement en noir et blanc me rendait fou. Je pensais que peut-être, en voyant les publicités en couleurs, elles me paraîtraient neuves et j'aurais encore plus de choses à aller acheter.

Korvettes. En espèces. Je voulais même la télécommande, mais c'était à un autre rayon. J'ai repris le chemin de la maison, mais je devenais paranoïaque. La boîte disait « Sony » et « Korvettes », et moi j'aurais voulu qu'elle dise « Lamston's », parce que je l'emportais dans mon ascenseur, sur mon palier, dans mon appartement, et avec cet emballage, avec tout ce polyester blanc qu'il faudrait jeter et qui montrait sa forme, je me suis dit : « Je ne vais pas la garder longtemps. »

Je dois pouvoir déduire l'alcool de mes impôts, puisque je suis obligé d'être un peu ivre pour parler, et que parler est mon métier.

J'ai un fantasme qui concerne l'argent : je marche dans la rue et j'entends quelqu'un dire — à voix basse — : « Voici l'homme le plus riche du monde. »

Je ne regarde pas les dates, sur les pièces de monnaie. Elles pourraient dater de 1910 que je ne les garderais pas pour autant : je les dépenserais pour m'acheter une bouchée au chocolat Clark.

J'ai horreur des PENNIES. Je voudrais bien qu'ils arrêtent de les fabriquer. Jamais je ne les garderai. Je n'ai pas le temps. Dans les magasins, j'adore dire : « Non, non, gardez les pennies. Ça alourdit trop mon portefeuille français. »

La monnaie peut être un fardeau, mais ça peut aussi être bien commode quand on n'a pas d'argent. On se met en chasse, on regarde sous le LIT, on fouille toutes les POCHES DE VESTES en disant : « J'ai peut-être bien laissé un ou deux pennies là-dedans... » Et ça peut même faire toute la différence entre acheter ou ne pas acheter de cigarettes, si on ne trouve que soixante-neuf *cents* au lieu de soixante-dix. On fouille et on retourne tout à la recherche du DERNIER PENNY. Le seul moment où l'on aime les PENNIES, c'est quand il en manque un.

Et puis on vous demande dans les magasins : « Auriez-vous un penny ? » et il faut se remettre à fouiller. Ou bien on en a effectivement un, mais on n'a pas envie de le chercher...

J'ai demandé à un chauffeur de taxi, l'autre jour, ce que l'argent représentait pour lui. « Du bon temps, dit-il. Je sors ma femme, j'aime ma femme, j'aime sortir avec elle, alors quand j'ai de l'argent, je la sors. »

Je ressens la même chose.

Alors je lui ai demandé son impression quand les gens lui donnaient des petites pièces. « Des pennies ? Je n'en reçois jamais — Si, attendez. Je ne devrais pas dire ça. J'ai reçu cinq pennies de Gina Lollobrigida, l'autre jour. »

Je lui ai demandé de me raconter l'affaire.

« Il n'y a rien à raconter, c'est une femme charmante. Elle aime New York, elle n'aime pas Hollywood, elle voyage partout, je crois qu'elle est partie, maintenant, et elle écrit un livre. »

GINA LOLLOBRIGIDA.

Si on arrivait à faire en sorte que tout ait la même valeur, les pennies pourraient servir de poids au fond des pots de fleurs.

Pour moi, l'ARGENT est l'INSTANT PARFAIT.

L'argent est mon HUMEUR.

Pour certaines gens, l'argent c'est d'acheter aujourd'hui ce qui selon eux aura de la valeur demain. ACHETEZ QUAND CE N'EST PAS CHER, disent-ils. Eh bien, je n'ai rien qui remonte à avant 1955. Je le jure. Rien. Peut-être que le crayon que j'ai emprunté à quelqu'un est de 1947. Allez savoir.

L'argent américain est vraiment joli à voir. Je l'aime plus que n'importe quel autre. J'en ai jeté dans East River, du bastingage du ferry de Staten Island, rien que pour le voir flotter.

Ce que nous cherchons tous, c'est quelqu'un qui ne vit pas là, qui se contente de payer.

Si j'estime que ce que j'achète vaut plus d'argent que le prix que je le paie, et si j'aime bien les gens à qui je l'achète, je suis obligé de leur dire que leur prix n'est pas assez haut. Je ne me sens bien que quand je le leur ai dit. Si j'achète un sandwich très très nourrissant, et si la personne à qui je l'achète ignore comme c'est formidable, il faut que je le lui dise.

Je n'ai pas l'impression d'attraper des microbes, quand je tiens de l'argent. L'argent exerce une sorte d'amnistie. Quand j'ai de l'argent en main, il me semble que le billet d'un dollar n'a pas plus de microbes que ma main. Quand je passe la main sur de l'argent, il devient parfaitement propre. Je ne sais pas où il a traîné — qui l'a touché, avec quoi — mais tout s'efface dès l'instant où je le touche.

10
Atmosphère

B : *Je voulais faire un film qui montrerait comme c'est triste et émouvant pour ces vieilles dames, de vivre dans ces pièces pleines de journaux et de chats.*
A : *Il ne faut pas le faire triste. Tu devrais plutôt dire : « Voici comment les gens font à l'heure actuelle. »*

L'espace est un seul et unique espace, la pensée et une seule et unique pensée, mais mon esprit divise ses espaces en espaces et en espaces, et ses pensées en pensées et en pensées. Comme un énorme appartement. Il m'arrive parfois de penser à l'Espace unique et à la Pensée unique, mais c'est rare. En général, je pense plutôt à mon appartement.

C'est un appartement qui a l'eau courante chaude et froide, avec quelques pickles de Heinz, des cerises enrobées de chocolat, et quand la machine de chez Woolworth qui me sert à faire du fudge sundae marche alors je sais que j'ai vraiment quelque chose.

(Cet appartement médite beaucoup : il est généralement fermé l'après-midi, le soir et le matin.)

Votre esprit divise les espaces en espaces. C'est un dur travail. Une série de durs espaces. En vieillissant on a plus d'espaces et de compartiments. Et plus de choses à y ranger.

Etre vraiment riche, à mon avis, c'est avoir un seul espace. Un immense espace vide.

Je crois aux espaces vides, en vérité, mais en tant qu'artiste je fais plein de saloperies.

L'espace vide est un espace jamais gâché.

L'espace gâché, c'est n'importe quel espace affublé d'art.

Un artiste, c'est quelqu'un qui produit des choses dont les gens n'ont pas besoin mais que lui — pour *certaines raisons* — estime souhaitable de leur donner.

L'art des affaires est bien plus intéressant que l'art de l'art, parce que l'art de l'art n'entretient pas l'espace qu'il occupe, contrairement à l'art des affaires. (Et si l'art des affaires n'entretient pas l'espace qu'il occupe, alors il fait faillite.)

C'est ainsi que, d'une part je crois aux espaces vides, et d'autre part je fabrique toujours de l'art, je fabrique toujours des saloperies pour que les gens les mette dans leurs espaces qui, à mon avis, devraient rester vides, c'est-à-dire que j'aide les gens à *gâcher* leur espace alors qu'en vérité je voudrais les aider à *vider* leur espace.

Je vais même encore plus loin, en ne suivant pas ma propre philosophie, car je ne peux même pas vider mes espaces à moi. Ce n'est pas que ma philosophie me fasse faux bond, c'est moi qui fais faux bond à ma philosophie. Je fais plus d'entorses que d'honneur à ce que je prêche.

Quand je regarde les choses, je vois toujours l'espace qu'elles occupent. Je veux toujours que l'espace perdu paraisse, parce que c'est toujours de l'espace perdu quand il y a quelque chose dedans. Si je vois un fauteuil dans un bel espace, quelle que soit la beauté du fauteuil, il ne peut jamais être aussi beau que l'espace vide.

Ma sculpture préférée, c'est un mur bien épais avec un trou dedans pour encadrer l'espace de l'autre côté.

A mon avis, nous devrions tous vivre dans un grand espace vide. Ce peut être un petit espace, du moment qu'il est propre et vide. J'aime la manière dont les Japonais rangent tout dans des placards, mais je préférerais qu'il n'y ait pas de placards, parce que c'est hypocrite. Mais si on ne peut pas aller jusqu'au bout et qu'on estime réellement avoir besoin d'un placard, il faut alors que le placard soit une portion d'espace totalement séparée, afin de ne pas trop l'employer comme béquille. Si l'on vit à New York, il faudrait que le placard soit au moins dans le New Jersey. En plus de la fausse dépendance, il existe une autre raison de maintenir le placard à bonne distance de l'endroit où l'on vit : on ne veut pas avoir le sentiment de vivre la porte à côté de son dépotoir. Le dépotoir de quelqu'un d'autre ne serait pas aussi déplaisant, parce qu'on ne saurait pas exactement ce qu'il y a dedans, mais la pensée de son propre dépotoir, en sachant tout ce qui s'y trouve dans le moindre détail, ça pourrait rendre fou n'importe qui.

Tout dans ce placard devrait avoir une date limite, comme le lait et les journaux, et chaque fois qu'une chose arriverait à expiration, on la jetterait.

Le mieux, ce serait d'avoir une boîte pour un mois, de tout y mettre, et de la boucler à la fin du mois. Et puis de la dater et de l'expédier dans le New Jersey. Il vaudrait mieux tâcher d'en garder la trace, mais sinon c'est très bien quand même, si vous la perdez, parce que c'est toujours une chose en moins à laquelle penser, un poids en moins sur l'esprit :

Tennessee Williams garde tout dans une malle, et puis l'expédie à un garde-meubles. J'ai moi-même commencé avec des malles et des meubles d'appoint, mais je suis ensuite parti à la recherche d'autre chose (de mieux), et maintenant je me contente de tout jeter dans des boîtes en carton marron toutes semblables, avec une tache de couleur sur le côté qui indique le mois de l'année. Mais j'ai vraiment horreur de la nostalgie et, tout au fond, j'espère que tout se perdra et que je n'en reverrai jamais rien. J'ai toujours envie de jeter les choses par la fenêtre quand on me les tend, mais au lieu de suivre ma tentation je dis merci et je les jette dans la boîte du mois. Mais mon autre point de vue, c'est que j'ai réellement envie de garder les choses pour qu'elles puissent resservir un jour.

Il devrait y avoir des supermarchés pour vendre les choses et des supermarchés pour les racheter, et tant que ce ne sera pas équilibré, il y aura plus de gâchis qu'il ne devrait. Tout le monde aurait toujours quelque chose à revendre, et tout le monde aurait de l'argent puisque tout le monde aurait quelque chose à vendre. Nous avons tous quelque chose, mais la plupart des choses que nous avons ne sont pas vendables, à cause de la préférence actuelle pour les choses toutes neuves. Les gens devraient pouvoir vendre leurs vieilles boîtes de conserve, leurs vieux os de poulets, leurs vieilles bouteilles de shampoing, leurs vieux magazines. Il faut que nous nous organisions mieux. Les gens qui nous disent que nous allons manquer de choses font simplement monter les prix. Comment pourrions-nous manquer de quoi que ce soit alors qu'il y a toujours, si je ne m'abuse, la même quantité de matière dans l'univers — à l'exception de ce qui va dans les trous noirs ?

Je songe à tous ces gens qui mangent et vont aux toilettes, tout le temps, et je me demande pourquoi ils n'ont pas des circuits dans le derrière pour prendre ce qu'ils ont mangé et le recycler jusqu'au niveau de la bouche en le régénérant — on n'aurait plus besoin de se préoccuper de la nourriture, ni pour l'acheter ni pour la manger. On n'aurait même pas besoin de la voir — ce ne serait pas sale. Et même, on pourrait la colorer artificiellement avant de la réingurgiter. Rose. (J'ai eu cette idée en pensant que les abeilles chient le miel, mais j'ai ensuite découvert que le miel n'est pas de la chiure d'abeille mais de la régurgitation d'abeille — de sorte que les rayons de miel ne sont pas des cabinets d'abeilles comme je l'avais d'abord cru. Les abeilles doivent donc courir ailleurs pour le faire.)

Les pays libres sont formidables, parce qu'on peut vraiment s'installer dans l'espace de quelqu'un d'autre pendant quelque temps et faire semblant de s'y intégrer. On peut s'asseoir dans le hall du Plaza Hotel sans avoir besoin d'y vivre. On peut s'asseoir là et regarder les gens passer.

Il existe selon les gens plusieurs manières de prendre possession de l'espace — de commander l'espace. Les gens très timides ne veulent même pas prendre possession de l'espace que leur corps occupe, alors que les gens très extravertis veulent prendre tout l'espace qu'ils peuvent.

Avant les médias, il y avait une limite physique à la quantité d'espace dont une personne pouvait s'emparer seule. A mon avis, les gens sont les seules choses qui savent s'emparer de plus d'espace qu'ils ne peuvent en occuper réellement — parce que avec les médias on peut s'installer et se laisser aller à remplir l'espace en disques, au cinéma — de manière très exclusive au téléphone, et très peu exclusive à la télévision.

Il doit y avoir des gens qui deviennent fous en découvrant la quantité d'espace qu'ils sont parvenus à dominer. Si vous étiez la vedette de la plus grande émission de télévision, que vous vous promeniez dans une rue américaine moyenne le soir où vous passez sur l'écran et que vous vous voyiez à la télévision dans toutes les salles de séjour, à leur prendre leur espace, pouvez-vous imaginer ce que vous ressentiriez ?

Je crois que personne, quelle que soit sa célébrité dans d'autres domaines, ne peut ressentir quelque chose d'aussi curieux que les vedettes de télévision. Même la plus grande idole de rock, dont les disques se jouent partout où il va, ne peut rien ressentir d'aussi curieux qu'une personne qui sait qu'elle apparaît régulièrement sur la télévision de tout le monde. Même s'il est tout petit, il a tout l'espace qu'on peut rêver de vouloir, là, dans la boîte magique.

On ne devrait avoir de contacts avec ses plus proches amis que par le plus intime et le plus exclusif de tous les médias — le téléphone.

J'ai toujours vécu un conflit car je suis timide, et j'aime quand même dominer de vastes espaces personnels. Maman me disait toujours : « Ne fais pas l'intéressant, mais ne laisse pas non plus oublier aux gens que tu es là. » Je voulais commander plus d'espace que je n'en commandais, mais je savais que j'étais trop timide pour savoir que faire de leur attention si je parvenais à l'obtenir. C'est pourquoi j'adore la télévision. C'est pourquoi il me semble que la télévision est le média où j'aimerais le mieux briller. Je suis vraiment jaloux de tous ceux qui ont leur propre émission de télévision.

Comme je l'ai déjà dit, je veux mon émission à moi — et je l'appellerais *Rien de Spécial.*

Les gens qui savent créer de nouveaux espaces avec les mots qu'il faut m'impressionnent. Je ne connais qu'une langue, et il m'arrive au milieu d'une phrase de me sentir comme un étranger, parce que j'ai des spasmes de la parole quand certaines parties de certains mots me paraissent soudain étranges, et au milieu d'un mot je me dis : « Oh, ce n'est sûrement pas juste — ça paraît bizarre, je me demande si j'ai intérêt à finir de prononcer ce mot, ou bien plutôt à en faire autre chose, parce que s'il sort bien, ce sera parfait, mais s'il sort mal, ça fera débile », alors au milieu des mots de plus d'une syllabe il m'arrive de m'embrouiller et de chercher à greffer autre chose par-dessus. Cela fait parfois du bon journalisme et, quand on me cite, ça fait bon effet sur la page imprimée — mais parfois c'est très embarrassant. On ne peut jamais prédire ce qui va sortir quand les mots qu'on dit commencent à paraître bizarres et qu'on se met à les rapiécer.

J'adore l'anglais — en fait j'adore tout ce qui est américain —, mais simplement je ne m'en tire pas très bien. Mon coiffeur me répète sans cesse que l'apprentissage des langues étrangères est essentiel en affaires (il en connaît cinq, mais en Europe les gosses ricanent quand il parle, alors je ne sais pas s'il les connaît très bien), et il m'affirme que je devrais en apprendre au moins une, mais je ne peux vraiment pas. Je sais à peine parler ce que je parle déjà, alors je ne tiens pas à perdre le fil.

J'admire les gens qui savent manier les mots, cependant, et je trouvais que Truman Capote remplissait rudement bien l'espace avec les mots. Quand j'ai commencé à vivre à New York, je me suis mis à lui écrire des petites lettres d'admiration et à lui téléphoner chaque jour, jusqu'à ce que sa mère m'intime l'ordre de cesser.

Je pense beaucoup aux écrivains d'espace — ceux qui sont payés selon le volume de ce qu'ils écrivent. J'ai toujours pensé que la quantité était la meilleure jauge en tout (parce qu'on fait toujours la même chose même si on a l'air de faire autre chose), et je me suis donc fixé pour but de devenir « artiste d'espace ». Quand Picasso est mort, j'ai lu dans un magazine qu'il avait fait quatre mille chefs-d'œuvre dans sa vie, et je me suis dit : « Eh bien, je pourrais le faire en un seul jour. » Et je m'y suis mis. Et puis je me suis rendu compte qu'il fallait plus d'une journée pour peindre quatre mille toiles. Voyez-vous, avec ma technique, je pensais vraiment que je pourrais en faire quatre mille en une journée. Et ce seraient tous des chefs-d'œuvre, puisque ce serait la même peinture. Je m'y suis donc mis — j'en ai fait environ cinq cents, et puis j'ai arrêté. Mais ça m'a pris plus d'un jour — près d'un mois, me semble-t-il. A cinq cents par mois, il m'aurait fallu environ huit mois pour faire quatre mille chefs-d'œuvre — pour être un « artiste d'espace » et remplir des espaces que de toute façon j'estime qu'il vaudrait mieux laisser vides. Ce fut une bien grande désillusion pour moi, quand je me suis rendu compte qu'il me faudrait si longtemps pour y parvenir.

J'aime peindre sur des carrés parce qu'il n'y a pas besoin de décider si ça doit être un petit peu long ou un petit peu court, ou dans quel sens : c'est juste un carré. J'ai toujours eu envie de faire mes tableaux tous de la même taille, mais il arrive toujours un type qui vous dit : « Tu devrais le faire un peu plus grand », ou « un peu plus petit ». Voyez-vous, je trouve que tous les tableaux devraient être de la même taille et de la même couleur de sorte qu'ils seraient interchangeables et que personne n'aurait le sentiment d'en avoir un bon ou un mauvais. Et si l'unique « peinture originale » est bonne, toutes les autres sont bonnes aussi. D'ailleurs, même si le sujet est différent, les gens peignent toujours la même peinture.

Quand je suis obligé d'y réfléchir, je sais que la toile est mauvaise. Et le choix des dimensions est une réflexion, de même que celui des couleurs. Mon instinct en matière de peinture me dit : « Si tu n'y penses pas, ce sera bien. » Dès qu'il faut réfléchir et choisir, tout rate. Et plus on décide, plus on rate. Certaines personnes, qui peignent de l'abstrait, s'installent dans la réflexion parce que ça leur donne l'impression de faire quelque chose. Mais je n'ai jamais l'impression de faire quelque chose quand je réfléchis. Léonard de Vinci affirmait à ses patrons que le temps qu'il consacrait à la réflexion valait plus que celui qu'il consacrait à la peinture, et c'était peut-être vrai pour lui, mais je sais que mon temps consacré à la réflexion ne vaut rien du tout. Je ne m'attends à être payé que pour mon temps actif.

Quand je peins :

Je regarde ma toile et je détermine l'espace. Je me dis : « Bon, là dans ce coin, on dirait que ça colle juste », et puis, « Oui, c'est bien là, bon ». Je regarde encore, et je décide : « Cet espace, là, dans le coin, a besoin d'un peu de bleu », alors je mets mon bleu, et puis je regarde là, et ça semble bleu aussi, alors je prends mon pinceau et je mets du bleu là aussi. Et puis il faudrait espacer davantage, alors je prends mon petit pinceau bleu et j'y mets du bleu, et puis je prends mon pinceau vert et je pose mon pinceau vert dessus et j'y mets du vert, et puis je recule pour regarder si c'est bien espacé. Et puis — quelquefois, c'est mal espacé — je prends mes couleurs et je mets encore un petit peu de vert là dans le coin, et si c'est bien espacé j'arrête. D'habitude, je n'ai besoin que de papier calque et de bonne lumière. Je n'arrive pas à comprendre pourquoi je n'ai jamais été un impressionniste abstrait, parce que avec ma main tremblante j'aurais eu un naturel parfait.

Je me suis un peu lancé dans la technologie deux ou trois fois. L'une de ces fois, quand j'ai cru que c'était la fin de mon art. J'ai cru que j'étais vraiment fini, et pour marquer la fin de ma carrière artistique, j'ai fait des oreillers argentés qu'il fallait remplir de ballons pour les faire s'envoler. Je les ai conçus pour une représentation de la Merce Cunningham Dance Company. Et puis on s'est aperçu qu'ils ne pouvaient pas s'envoler, et ils nous sont restés sur les bras, alors j'ai pensé que ma vie artistique était achevée, puisque je me trouvais là, une fois de plus, à mettre des ancres sur les oreillers. J'avais annoncé pour de bon que je renonçais à l'art. Mais les Oreillers Argentés de l'Espace ne s'envolèrent pas, et ma carrière non plus. A propos, j'ai toujours dit que l'argent était ma couleur préférée parce qu'elle me rappelait l'espace, mais maintenant je crois que c'est fini.

Une autre manière d'occuper plus d'espace : le parfum.

Je ne suis pas vraiment snob en ce qui concerne les bouteilles où l'on met l'eau de Cologne, mais une jolie présentation m'impressionne. On éprouve un sentiment de confiance en prenant une bouteille bien conçue.

On m'a déjà dit que plus la peau est claire, plus on devrait utiliser un parfum léger. Et vice versa. Mais je ne peux pas me limiter à une seule catégorie. (D'ailleurs, je suis sûr que les hormones sont pour quelque chose dans la manière dont un parfum sent sur votre peau — je suis sûre que certaines hormones peuvent rendre le Chanel n° 5 dégueulasse.)

Je change sans arrêt de parfum. Si j'en ai porté un pendant trois mois, je me force à l'abandonner, même si j'ai envie de continuer à le porter. Ainsi, chaque fois que je le sens, il me rappelle ces trois mois. Je ne le réutilise plus jamais : il entre dans ma collection permanente d'odeurs.

Il m'arrive dans les soirées de m'esquiver dans la salle de bains pour voir quelles eaux de Cologne ils ont. Je ne regarde jamais rien d'autre — je ne fouine pas — mais je meurs d'envie de voir s'ils n'ont pas quelque obscur parfum que je n'ai pas encore essayé, ou un bon vieux favori que je n'ai pas respiré depuis longtemps. Si je trouve quelque chose d'intéressant, je ne peux pas m'empêcher de m'en parfumer. Mais je passe le reste de la soirée dans un état paranoïde à l'idée que l'hôte ou l'hôtesse pourrait en surprendre une bouffée et remarquer que je dégage une odeur familière.

Des cinq sens, c'est l'odorat qui se rapproche le plus de la pleine commande du passé. L'odeur peut réellement vous transporter. La vue, l'ouïe, le toucher et le goût ne sont vraiment pas aussi puissants que l'odorat si vous voulez ramener un instant votre être entier quelque part en arrière. Je n'en ai généralement pas envie mais, en bloquant les odeurs dans des bouteilles, je peux garder le contrôle et ne sentir que les odeurs que je veux, quand je veux, pour évoquer les souvenirs qui conviennent à mon humeur. Juste une seconde. Ce qu'il y a de bien avec la mémoire des odeurs, c'est que le sentiment d'être transporté s'arrête dès l'instant où vous cessez de sentir, et qu'il n'y a donc pas d'effets secondaires. C'est une manière propre et nette de se souvenir.

Ma collection de parfums à demi usagés est considérable, maintenant, et pourtant je n'ai commencé à en porter beaucoup qu'au début des années 60. Auparavant, les odeurs de ma vie étaient uniquement celles qui m'atteignaient le nez par hasard. Mais j'ai ensuite compris qu'il me fallait avoir un genre de musée d'odeurs, afin que certaines odeurs ne se perdent pas pour toujours. J'adorais l'odeur du hall du Paramount Theater, à Broadway. Chaque fois que je m'y trouvais, je fermais les yeux et respirais à fond. Et puis on l'a abattu. Je peux regarder la photo de ce hall tant que je veux — et alors ? Je ne pourrai plus jamais le sentir. J'ai parfois la vision d'un livre de botanique futur qui dirait : « Le lilas a maintenant disparu. On pense que son parfum était semblable à celui de — ? » et que pourrait-on dire de plus ? Peut-être saura-t-on lui attribuer une formule chimique. Peut-être sait-on déjà.

J'ai eu longtemps peur d'épuiser toutes les bonnes eaux de Cologne, et qu'il ne me reste plus que des choses comme « Vigne ardente. » Mais maintenant que je suis allé dans les *profumeria* d'Europe et que j'ai vu toutes les eaux de Cologne et les parfums qui s'y trouvent, je ne m'inquiète plus.

Je raffole des publicités pour les parfums que je trouve dans les magazines de mode des années 30 et 40. J'essaie, d'après leurs noms, d'imaginer leurs odeurs, et je deviens fou tellement j'ai envie de les sentir.

« Sous le vent » de Guerlain.

« Jabot », « Gardéniae, « Mon image », « Opening Night », de Lucien Le Long.

« Princess of Wales », du Prince Matchabelli en souvenir d'Alexandra, « Surrender », « Réflexions », de Ciro.

« A bientôt », « Shanghai », « Gardénia de Tahiti », de Lenthéric.

« Imprudence », de Worth.

« Avenue Matignon », « Air Jeune », de Marcel Rochas.

« Trophée », « Le Dandy », « Toujours Fidèle », « Belle de Jour », de D'Orsay.

« A Suma », « La Fougeraie au Crépuscule », de Coty.

« Tzigane », « Possession », « Orchidée Bleue », « Voyage à Paris », de Corday.

L'émoustillant « Cuir de Russie », le romantique « Glamour », le fondant « Jasmin », le tendre « Gardénia », de Chanel.

« Venez Voir », de Molinelle.

« Countryclub », « Demi-Jour » de Houbigant.

« 721 » de Bonwit Teller.
« Town », « Country », d'Helena Rubinstein.
L'eau de Cologne « Carbonique » de Weil.
« Rhythm » de Kathleen Mary Quinlan.
« Impériale Russe », de Lengyel.
« H.R.R. », « Fleur de Perse », « Roi de Rome », de Chevalier Garde.
« White Christmas » de Saravel.

Quand je me promène dans New York, je remarque toujours les odeurs qui m'environnent ; les tapis de caoutchouc des immeubles de bureaux ; les sièges rembourrés des cinémas ; les pizzas ; les snaks Orange Julius ; espresso-ail-origan ; hamburgers ; tee-shirts en coton séchés ; épiceries de quartier ; épiceries chic ; éventaires de hot dogs et choucroute ; odeur de quincaillerie ; odeur de papeterie ; les cuirs et tapis de Dunhill, Mark Cross, Gucci ; les cuirs marocains étalés dans les rues ; magazines neufs, magazines anciens ; magasins de machines à écrire ; magasins d'importations chinoises (moisissure due au transport) ; magasins d'importations indiennes ; magasins d'importations japonaises ; magasins de disques ; magasins d'alimentation diététique ; drugstores à distributeurs automatiques de soda ; drugstores à prix réduits ; échoppes de coiffeurs ; salons de beauté ; delicatessen ; chantiers de bois ; les chaises et les tables en bois de la Bibliothèque municipale de New York ; les biscuits, chewing-gum et jus de raisin dans le métro ; rayons d'équipement de cuisine ; labos de photo ; magasins de chaussures ; magasins de bicyclettes ; le papier et les encres d'imprimerie chez Scribner's, Brentano's Doubleday, Rizzoli, Marboro, Bookmasters, Barnes & Noble ; étal de cireur ; pâte à frire graisseuse ; brillantine à cheveux ; la bonne odeur de confiserie bon marché devant chez Woolworth, et l'odeur de produits séchés à l'arrière ; les chevaux près du Plaza Hotel ; gaz d'échappement des bus et des camions ; bleus d'architectes ; cumin, fenugrec, sauce de soja, cannelle ; platanos frits ; les rails de Grand Central Station ; l'odeur de banane des teintureries ; vapeurs des buanderies d'immeubles ; bars d'East Side (crèmes) ; bars de West Side (sueur) ; kiosques à journaux ; étalages de fruits à toutes les saisons — fraises, pastèques, prunes, pêches, cerises, raisin, mandarines, ananas, pommes — et j'adore la manière dont l'odeur de chaque fruit s'insinue dans le bois rugueux des cageots et dans les papillotes.

Je sais par expérience que je préfère l'espace urbain à l'espace campagnard. J'adore l'idée d'être à la campagne, mais dès que j'y arrive tout me revient en mémoire :

J'adore marcher mais je ne peux pas
J'adore nager mais je ne peux pas
J'adore m'asseoir au soleil mais je ne peux pas
J'adore sentir les fleurs mais je ne peux pas
J'adore jouer au tennis mais je ne peux pas
J'adore faire du ski nautique mais je ne peux pas

La liste pourrait être bien plus longue, mais ça vous donne déjà une idée, et la raison pour laquelle « je ne peux pas », c'est tout simplement que *ce n'est pas mon genre.* On ne peut pas faire des choses qui ne sont pas votre genre. On peut *dire des choses* qui ne sont pas votre genre, mais on ne peut pas *faire des choses* qui ne sont pas votre genre. C'est une mauvaise idée.

Et puis quand je suis à la campagne, j'adore regarder la télévision mais je ne peux pas parce que la transmission est généralement trop mauvaise.

(A ce propos, les gens essaieront souvent de vous convaincre de faire quelque chose en disant que ça n'a pas d'importance si ce n'est pas votre genre, ou que ça pourrait être votre genre si vous le vouliez, mais ne cédez pas, n'essayez pas de faire quelque chose qui ne soit pas votre genre, parce que vous savez quel est votre genre — et personne d'autre ne le sait.)

Je suis un garçon des villes. Dans les grandes villes, tout est organisé de telle sorte que vous pouvez aller dans un parc et vous trouver dans une campagne miniature, mais à la campagne il n'y a pas d'espace urbain, et j'ai vite le mal du pays.

Une autre raison pour laquelle j'aime mieux la ville que la campagne, c'est qu'en ville tout est orienté vers le travail, et à la campagne vers la relaxation. J'aime mieux le travail que la relaxation. Dans la ville, même les arbres des parcs travaillent d'arrache-pied à cause du nombre extravagant de gens pour qui ils doivent produire de l'oxygène et de la chlorophylle. Si vous viviez au Canada, vous pourriez avoir des millions d'arbres qui produisent de l'oxygène pour vous seul, et ils fourniraient donc un travail moindre. Alors qu'un arbre en pot à Times Square doit produire de l'oxygène pour un million d'individus. A New York, il faut vraiment se donner du mal, et les arbres le savent aussi — regardez-les. Je me promenais l'autre jour dans la 57e Rue et je regardais le nouvel immeuble Solow en lignes courbes, et j'ai marché droit sur un arbre en pot. J'étais embarrassé, car il n'y avait aucun moyen de l'emporter. Je suis tombé sur cet arbre en pot dans la 57e Rue pour la simple raison que je n'étais pas préparé à le trouver là.

En fin de compte, selon le cheminement de la vie, les gens se retrouvent soit dans des métros et des ascenseurs bondés, soit dans d'immenses pièces pour eux tout seuls. Tout le monde devrait avoir une grande pièce où aller, et tout le monde devrait également aller en métro bondé. En général, les gens sont très fatigués quand ils prennent le métro, et ils ne peuvent pas chanter ni danser, mais je crois que s'ils pouvaient chanter et danser dans le métro, ils adoreraient cela.

Les gamins qui la nuit inondent de graffiti les wagons de métro ont très bien appris à recycler l'espace urbain. Ils retournent au milieu de la nuit dans les garages du métro, quand les wagons sont vides, et c'est là qu'ils chantent et dansent dans le métro. La nuit, les métros sont comme des palaces, avec tout cet espace rien que pour vous.

La répartition-ghetto de l'espace est une erreur en Amérique. Les gens du même genre ne devraient pas vivre ensemble. Les gens de mêmes groupes ne devraient pas s'agglutiner autour de la même nourriture. En Amérique, il faut se fondre et se mélanger. Si j'étais président, je ferais se fondre et se mélanger davantage les gens. Mais le problème, c'est que l'Amérique est un pays libre et que je ne pourrais pas les forcer.

Je crois au bienfait de vivre dans une seule pièce. Une pièce vide avec juste un lit, un plateau et une valise. On peut tout faire soit de son lit soit au lit — manger, dormir, penser, prendre de l'exercice, fumer —, avec une salle de bains et un téléphone juste à côté du lit.

Tout est plus beau quand on le fait au lit, même éplucher des pommes de terre.

L'espace d'une valise est très efficace — une valise remplie de tout ce qu'il vous faut :

Une cuillère
Une fourchette
Une assiette
Une tasse
Une chemise
Un caleçon
Une chaussette
Une chaussure

Une valise et une pièce vide. Fantastique. Parfait.

En vivant dans une seule pièce, on élimine toutes sortes de soucis. Malheureusement, les soucis de base restent :

Les lumières sont-elles allumées ou éteintes?
L'eau coule-t-elle ?
Reste-t-il des cigarettes ?
La porte de service est-elle fermée ?
L'ascenseur fonctionne-t-il ?

Y a-t-il quelqu'un dans le hall ?
Qui est cette personne assise sur mes genoux ?

Les gens dorment souvent dans les espaces en forme de pyramide, maintenant, parce qu'ils croient que ça les gardera jeunes et alertes et que ça arrêtera le processus de vieillissement. Je ne m'en préoccupe guère, grâce à mes barrettes. Cependant, l'allure-pyramide est quand même mon idéal parce qu'on n'a plus besoin de se soucier du plafond. Puisqu'on veut avoir un toit au-dessus de sa tête, pourquoi ne pas laisser les murs être aussi plafond ? Ce serait un sujet de préoccupation en moins — une surface de moins à regarder, une surface de moins à nettoyer, une surface de moins à peindre. L'idée indienne du tepee était fort juste. Le cône serait assez séduisant s'il n'excluait les bords, à moins de trouver un évier juste rond comme il faut, mais je préfère un espace de forme pyramidale à base triangulaire équilatérale, plutôt qu'une forme pyramidale quadrangulaire, parce que avec une base triangulaire on a un mur de moins à surveiller, et un coin de moins à épousseter.

Ma ville idéale serait une seule longue Rue Principale sans rues adjacentes ni croisements pour éviter les embouteillages. Juste une grande rue à sens unique. Avec un seul grand immeuble vertical où tout le monde vivrait, avec :

Un ascenseur
Un concierge
Une boîte aux lettres
Une machine à laver
Une poubelle
Un arbre devant la porte d'entrée
Un cinéma la porte à côté

La Grand-Rue serait très très large, et pour leur faire plaisir il n'y aurait qu'à dire aux gens : « Je vous ai vu tout à l'heure dans la Grand-Rue. »

Et vous feriez le plein de votre voiture avant de traverser la rue.

Ma ville idéale serait complètement neuve. Pas d'*antiquités*. Toutes les maisons seraient neuves. Les vieilles bâtisses sont des espaces dépourvus de naturel. Les maisons devraient être construites pour durer peu de temps. Et si elles ont plus de dix ans, je dis : démolissez. Je construirais de nouveaux immeubles tous les quatorze ans. La construction et la démolition occuperaient les gens, et l'eau ne serait plus rouilleuse à cause des vieux tuyaux.

Rome est un exemple de ce qui arrive dans une ville quand les constructions durent trop longtemps.

On appelle Rome « La Ville éternelle » parce que tout y est vieux et que tout reste en place. On dit toujours : « Rome ne s'est pas construite en un jour. » Eh bien, moi je dis qu'ils auraient peut-être dû, parce que plus on construit quelque chose vite et moins longtemps ça dure. Moins longtemps ça dure et plus vite les gens retrouvent du travail, pour reconstruire. Produire l'équipement de base occupe les gens. On dit toujours que l'équipement de base se compose de la nourriture, d'un toit et de vêtements. A l'heure actuelle, en Italie, on produit beaucoup de nourriture et beaucoup de vêtements, mais la nourriture et les vêtements ne constituent que les deux tiers de l'équipement de base, le troisième tiers étant le toit — et ils ne produisent pas ce tiers parce qu'il a déjà été construit. Alors ce qui est arrivé à Rome, c'est que les femmes se sont retrouvées dans les cuisines à préparer toute la nourriture et dans les usines à coudre tous les vêtements, tandis que les hommes ne font rien parce que les maisons sont déjà construites et qu'elles ne s'écroulent pas ! A l'origine, les maisons ont été trop bien construites, et ils n'ont jamais corrigé la situation. C'est pourquoi on voit tant d'hommes dans les rues de Rome, à toute heure du jour et de la nuit.

A ma connaissance, la meilleure manière de construire

un immeuble, la plus temporelle, c'est de le construire à base de lumière. Les fascistes ont beaucoup pratiqué cette « architecture de la lumière ». Si l'on construit des maisons avec des lumières à l'extérieur, on peut les rendre indéfinies, et puis quand on a fini de s'en servir, on éteint les lumières et elles disparaissent. Hitler avait toujours besoin de bâtiments à la hâte pour faire ses discours d'en haut, et son architecte lui créait donc ces « constructions » exprès pour lui qui étaient des constructions d'illusion, entièrement constituées d'effets de lumière, où il délimitait un immense espace.

A mon avis, les hologrammes vont être bien amusants. Avec les hologrammes, on pourra vraiment, enfin, choisir son ambiance. Par exemple si on télévise une soirée et que vous voulez y être, eh bien, grâce aux hologrammes vous y serez. Vous pourrez avoir chez vous cette soirée tridimensionnelle, vous pourrez faire semblant d'y être et d'entrer avec les autres. Vous pourrez même louer une soirée. Vous pourrez faire asseoir l'idole de votre choix à côté de vous.

J'adore être ce qu'il faut là où il ne faut pas, et ce qu'il ne faut pas là où il faut. Quand on atteint l'un des deux, les gens braquent toutes les lumières sur vous, ou vous crachent dessus, ou écrivent de mauvaises critiques sur vous, ou vous cassent la figure, ou vous tirent le portrait, ou disent que vous « grimpez ». Mais en général, ça vaut la peine d'être ce qu'il faut là où il ne faut pas et ce qu'il ne faut pas là où il faut, parce qu'il arrive toujours quelque chose d'amusant. Et vous pouvez me croire, car j'ai fait toute ma carrière là-dessus : être ce qu'il faut où il ne faut pas et ce qu'il ne faut pas là où il faut. C'est un sujet que je connais vraiment à fond.

Quand les gens se trouvent dans une atmosphère calme et détendue, ils sont généralement bien « espacés ». Ils ont les yeux bien comme il faut, et ils restent sagement assis sans ennuyer personne. Certaines gens sont ainsi naturellement grâce à leur chimie propre, et d'autres sont ainsi grâce à l'emploi de drogues. Ils pensent qu'ils pensent — à quelque chose.

L'énergie vous aide à emplir plus d'espace, mais même si j'avais plus d'énergie, je ne voudrais sans doute pas emplir plus d'espace — ça fait trop de trucs à nettoyer. Voici ce que je pense des pilules diététiques : elles vous font penser petit, et quand on pense petit, on fait beaucoup de nettoyage. La véritable énergie vous donne envie de courir faire des pirouettes sur la plage, même si vous ne savez pas. Mais l'énergie des pilules diététiques vous aide à occuper moins d'espace parce qu'elle vous donne envie de recopier des carnets d'adresses en *parlant* pendant une heure d'aller faire l'acrobate sur la plage. Les pilules diététiques vous donnent envie d'épousseter et de jeter des choses au petit coin.

A New York, il faut tout le temps nettoyer, et quand on a fini, c'est juste « pas sale ». En Europe, les gens nettoient beaucoup et quand ils ont fini, ce n'est pas seulement « pas sale », c'est propre. Et puis il semble bien plus facile de recevoir en Europe qu'à New York. Il n'y a qu'à ouvrir en grand les portes sur le jardin et manger dehors, au milieu des arbres et des fleurs. Alors qu'à New York, c'est curieux, la plupart du temps ça ne marche pas. En Europe, même le simple fait de prendre le thé dans une courette peut être merveilleux. Mais à New York c'est compliqué — si le restaurant est agréable, la nourriture est mauvaise et si la nourriture est bonne, la lumière est mauvaise, et si la lumière est bonne, les courants d'air sont mauvais.

Les restaurants de New York ont quelque chose de nouveau — ils ne vendent plus leur cuisine, ils vendent leur ambiance. Ils disent : « Comment osez-vous dire que la nourriture est mauvaise ? Nous n'avons jamais prétendu qu'elle était bonne. Nous avons une bonne *atmosphère*. » Ils ont pigé que les gens avaient surtout envie de changer d'atmosphère pendant deux heures. C'est pourquoi ils peuvent s'en tirer en vendant leur atmosphère avec un minimum de vraie nourriture. Bientôt, quand les prix alimentaires monteront pour de bon, ils ne vendront plus que l'atmosphère. Ceux qui auront vraiment faim pourront apporter leur nourriture quand ils sortiront pour dîner mais, sinon, au lieu de « sortir pour dîner » ils « sortiront pour l'atmosphère ».

Mon atmosphère préférée de restaurant a toujours été l'atmosphère des bonnes salles à manger américaines, toutes simples, ou même les bons comptoirs simples des snacks-bars américains. Les Schrafft's et les Chock Full O'Nuts du bon vieux temps sont les deux seules choses au monde dont j'aie la nostalgie. Où est le bon temps, dans les années 40 et 50, où j'allais avec insouciance dans un Chock Full O' Nuts me chercher un sandwich à la crème de gruyère avec des noix, sur du pain aux noix, sans me soucier de rien ? Peu importe ce qui change et à quelle vitesse, la seule chose dont nous ayons tous toujours besoin, c'est une bonne alimentation afin de voir quels sont les changements et à quelle vitesse ils arrivent. Le progrès est très important et très intéressant dans tous les domaines sauf la nourriture. Quand vous dites que vous voulez une orange, vous n'avez aucune envie qu'on vous demande : « Une orange comment ? »

J'aime beaucoup manger seul. Je voudrais créer une chaîne de restaurants pour les gens comme moi — je l'appellerais ANDYMATS, « Le restaurant du solitaire ». Vous choisissez vos plats et vous les posez sur un plateau pour aller regarder la télévision dans un box.

Actuellement, mon type préféré d'atmosphère est l'atmosphère d'aéroport. Si je n'avais pas besoin de penser à l'idée que les avions vont dans l'air et volent, ce serait une atmosphère parfaite. Les avions et les aéroports ont le genre de nourriture que je préfère, le genre de toilettes que je préfère, le genre de pastilles à la menthe que je préfère, le genre de divertissements que je préfère, les systèmes d'annonces par haut-parleur que je préfère, le genre de tapis roulants que je préfère, les graphismes et les couleurs que je préfère, les meilleurs contrôles de sécurité, les plus belles vues, les meilleures parfumeries, les meilleurs employés, et le meilleur optimisme. J'adore cette manière de ne pas avoir à réfléchir où l'on va, quelqu'un d'autre s'en charge, mais je n'arrive pas à surmonter cette sensation folle que j'éprouve quand je regarde dehors et que je vois les nuages en sachant que je suis vraiment là-haut. L'atmosphère est formidable, c'est l'idée de voler que je mets en cause. J'imagine que je ne dois pas avoir le type aérien, mais j'ai un programme aérien, et je dois donc vivre une vie aérienne. Je suis embarrassé de ne pas aimer voler parce que j'adore être moderne, mais je compense en adorant les aéroports et les avions.

La meilleure atmosphère que je puisse imaginer, c'est celle des films, parce que c'est physiquement tridimensionnel et émotionnellement bidimensionnel.

11
Succès

B : Est-ce qu'il pleut ?
A : Je crois qu'on nous crache dessus.

J'ai passé l'après-midi assis avec B sur un canapé dans le hall du Grand Hôtel, à Rome, à regarder les stars et leurs coiffeurs monter et descendre l'escalier de marbre. C'était comme au théâtre.

On m'avait mis dans l'avion pour Rome afin que j'assiste, ce soir-là, à un événement qui avait attiré beaucoup de grandes stars. On jouait à les reconnaître. B nous comparait à Lucy Ricardo et Ethel Mertz dans le hall du Beverly Hills. Rome est devenu le nouveau centre des célébrités, le nouvel Hollywood ; ça fait des années que je le dis.

B planait dans les hautes sphères. « Quand on t'emmène en avion pour rester toute la journée assis dans un hall aussi prestigieux à regarder tous les gens qu'on voit dans tous les magazines et dans tous les films ça veut dire que tu as vraiment réussi, me disait-il. »

En fait, j'étais plus impressionné par le canapé que par les stars dans l'escalier. Plus on est fatigué, moins on est impressionné. Par quoi que ce soit. Si j'avais pu dormir dans l'avion, j'aurais peut-être pu m'y intéresser un peu plus.

« Nous sommes allés dans tous les halls d'hôtel de New York et du monde, et c'est toujours agréable », lui ai-je dit. Les halls, c'est toujours l'endroit le plus beau dans les hôtels — on voudrait y apporter son lit de camp pour y dormir. Comparées au hall, les chambres ont toujours l'air de placards.

« Non, dit B, mais l'idée de parcourir des milliers de kilomètres...

— Pour s'asseoir dans un hall.

— De parcourir des milliers de kilomètres pour s'asseoir dans un endroit comme celui-ci ! Si c'était juste au coin de la rue, ça ne me paraîtrait pas aussi extraordinaire, mais le fait que nous soyons venus de si loin ajoute du piquant. »

J'ai dit à B que, s'il n'y avait pas cette épreuve de l'avion, j'aimerais être en Europe un jour par semaine. Mais je n'arrive pas à être comme ces gens qui ne pensent pas à ce que cela représente, d'être là-haut et de voler. Les aéroports et les avions ont le genre de nourriture que je préfère, le genre de toilettes que je préfère, le genre de service sans servilité que je préfère, les pastilles à la menthe que je préfère, le genre de divertissements que je préfère, le genre d'irresponsabilité que je préfère pour ma gouverne, les boutiques que je préfère, les graphismes que je préfère — tout ce que préfère. J'adore même les contrôles de sécurité. Mais je ne peux pas surmonter mon horreur du vol.

« Imagine tout ce que tu perds de formidable », dit B.

En fait, je me lasse très vite. En général, une fois me suffit. Ou bien *une seule fois*, ou bien *tous les jours*. Si l'on fait quelque chose une fois, c'est passionnant, et si on le fait chaque jour, c'est passionnant. Mais si on le fait, disons deux fois, ou presque chaque jour, c'est raté. Rien entre-temps, c'est aussi passionnant qu'une seule fois ou chaque jour.

Un grand bel homme entra dans le hall, de l'extérieur. Il portait un jean rouge et une chemise rouge avec une ceinture blanche vernie et des espadrilles assorties. C'était le coiffeur de Liz Taylor.

« Il aime le rouge, observa B.

— Le rouge lui va bien. Il a changé depuis la dernière

fois. Il a dû maigrir, à mon avis, dis-je en essayant de déterminer quelle était l'amélioration. Allons le lui dire.

— Voici Franco, dit B. Il se gratte toujours les couilles, tu crois qu'il a des morpions ?

— Non, c'est simplement qu'il est italien. » Franco Rossellini était notre hôte pour l'Evénement de la soirée, et il s'était occupé de tous les détails de voyage et d'hôtellerie. Franco a une certaine manière d'être toujours plein de sollicitude tout en étant toujours ailleurs. Il nous demanda si tout allait bien pour nos billets et notre chambre, et pendant ce temps ses yeux furetaient autour du hall à la recherche de Liz. Je lui demandai s'il pouvait tirer des ficelles pour nous trouver des chambres quelques jours de plus, car nous devions rester après l'Evénement pour pratiquer notre art des affaires. Nous avions du mal à obtenir une prolongation parce qu'il y avait un autre Evénement deux jours plus tard et que nos chambres n'étaient donc réservées que pour le lendemain, après quoi nous devions nous débrouiller. Lorsque Franco comprit ce que signifiait « tirer des ficelles », il devint théâtral :

« Figurez-vous qu'on m'a appelé pour trouver une chambre à Elizabeth Taylor parce qu'ils n'ont même pas de chambre pour elle ! Et il lui faut deux jours pour défaire ses bagages ! Avec l'autre Evénement qui approche, c'est un désastre ! »

Juste à ce moment, un journaliste milanais passa et me demanda si j'aimais Rome.

J'aime beaucoup Rome parce que c'est une sorte de musée, comme le grand magasin Bloomingdale, mais j'étais trop fatigué pour dire ce genre de choses. D'ailleurs, il était sympathique, mais la plupart des journalistes n'ont aucune envie de savoir ce que vous pensez vraiment — ils veulent seulement des réponses qui cadrent avec l'article qu'ils ont l'intention d'écrire, et ils estiment généralement que vous ne devriez pas laisser votre personnalité s'immiscer dans l'article qu'ils décrivent ou sinon ils vont vraiment vous détester pour de bon parce que vous leur donnez un supplément de travail : plus vous leur donnez de réponses et plus ils ont de réponses à déformer pour cadrer avec leur histoire. Alors il vaut mieux vous contenter de sourire et de dire que vous aimez Rome, et puis leur laisser le soin de donner les raisons d'aimer Rome qu'ils ont choisies pour vous. Et de toute manière j'étais fatigué. J'étais bien content de voir Franco revenir. Il brise toujours les tensions.

« Me revoilà, annonça-t-il. Je posais juste pour les *paparazzi*. Je ne devrais pas. »

J'expliquai à Franco que B était tombé amoureux chez Bulgari d'une fille derrière un comptoir de diamants, et qu'il trouvait qu'elle ressemblait à Dominique Sanda. Franco comprend « l'amour », et connaît les symptômes :

« Alors vous passez votre temps à tout acheter chez Bulgari ? Ça revient cher. Vous feriez mieux de tomber amoureux d'une serveuse. C'est plus économique.

— Ce n'est pas cher, car je n'achète rien. Je me contente d'entrer et sortir, entrer et sortir », dit B.

Franco prit un air lassé du monde avant de finalement laisser tomber : « Entrer et sortir, entrer et sortir... Que faire d'autre... »

Puis il se précipita au-devant d'un metteur en scène.

B repéra Liz Taylor de l'autre côté du hall et tenta de me rendre fou furieux en suggérant qu'elle m'évitait. Je la voyais du coin de l'œil.

Puis Sergio, l'un des assistants de Franco, vint demander à B si je pourrais être prêt une demi-heure plus tôt pour pouvoir aller avec Liz chercher la princesse Grace, afin que nous arrivions tous ensemble à l'Evénement. C'était le programme. B était jaloux de ne pas venir avec nous, et dès que Sergio eut tourné le dos, il me lança : « Il dit ça comme si c'était important ! Il a tellement l'habitude de traiter avec Liz par l'intermédiaire de son coiffeur qu'il se croit obligé de te parler par mon intermédiaire, même quand tu es là. »

Je racontai à B que j'aurais dû lui acheter un énorme peigne en or chez Bulgari. « Tu devrais avoir un peigne de coiffeur géant tout en or. Le genre de peigne qu'on utilise pour décrêper. Tout en or. » Puis nous avons bien ri de notre gaffe, chez Bulgari, quand nous avons demandé quelque chose en argent. Nous étions très nerveux parce qu'on nous avait fait asseoir et qu'il n'y avait rien à regarder — nous ne savions pas quoi faire de nos yeux —, et nous ne voulions pas dire que nous voulions ce qu'il y avait de moins cher ; B avait donc réfléchi rapidement et demandé un fouet à champagne en argent. La fille dont il était amoureux nous avait répondu : « Je suis navrée, nous n'avons rien en argent. » Et c'est ainsi que l'amour tomba dans la fange.

« Oui, l'amour tomba dans la fange, acquiesça B. Elle ne m'a plus plu, quand elle a dit ça. Et puis, de près, elle ne ressemblait pas tellement à Dominique Sanda. »

C'est alors que B et moi entendîmes un bruit sifflant dans un coin du hall. B me conseilla de ne pas m'affoler, ce n'était qu'une cireuse. Puis il me demanda ce que je ferais si l'on me sifflait ce soir-là à l'Evénement. Je répondis que j'avais déjà été sifflé. Il voulut savoir quand, et je lui racontai comment j'avais été sifflé en allant faire des conférences dans les universités.

Puis une abominable pensée m'effleura — si jamais on me demandait de faire un discours à l'Evénement ! Après tout, c'était un Evénement très officiel, et de bienfaisance, par surcroît. D'habitude, on fait des discours dans les fêtes de bienfaisance.

B décida qu'il nous fallait immédiatement écrire un discours, à tout hasard. Nous décidâmes que je me lèverais, que je dirais que c'était un grand honneur et une grande joie de travailler avec les coiffeurs de Liz Taylor — « Un ban pour Ramon et Gianni ! » et puis que je demanderais à Liz de présenter B — je dirais : « Liz Taylor a changé ma vie : maintenant, moi aussi j'ai mes coiffeurs personnels. J'ai pris mon directeur d'entreprise, mon photographe, mon rédacteur et mon secrétaire, et je les ai tous faits coiffeurs. »

Elsa Martinelli vint nous demander si nous allions porter des vestes noires ou des vestes blanches parce que son mari Willy avait oublié sa veste noire et qu'il se demandait si la blanche irait, parce qu'il ne voulait pas être le seul en veste blanche, sinon les gens le prendraient pour un serveur et lui demanderaient à boire. B déclara que ce qu'il pourrait faire de mieux serait de porter son pantalon blanc, car il n'avait pas de veste blanche, et Elsa estima que ça aiderait Willy à se sentir plus à l'aise. B demanda à Elsa ce qui était brodé sur son tee-shirt. Son explication donna quelque chose de ce genre :

— Oh, c'est une idiotie napolitaine. Il ne sait pas très bien parler anglais, alors pour lui — le concepteur — ça veut dire, 47, c'est quarante — veut dire « baiser » en napolitain — sept.

Christian De Sica tapa sur l'épaule d'Elsa, et ils entrèrent dans le restaurant.

— *Ciao.*

— *Ciao.*

Il y eut quelques instant de calme, et je me mis à penser à des images de visages. B me demanda à quoi je pensais, et je lui répondis que je pensais à des « portraits ».

La cireuse était maintenant de notre côté du hall. « *Poptarts* ? » demanda B. Il ne pouvait pas m'entendre voyez-vous.

J'aimai l'idée. « Oui. Poptarts. C'est drôle, parce que si quelqu'un se fait faire un poptart en vieillissant, est-ce que l'artiste est censé le représenter plus jeune ? C'est difficile à savoir. J'ai vu des poptarts exécutés par des artistes célèbres qui peignaient des gens vieux avec l'air vieux. Ou alors peut-être qu'on devrait se faire faire son poptart quand on est très jeune, pour que ce soit l'image qui reste ? Mais ce serait bizarre aussi... »

L'idéal de B, pour un rendez-vous merveilleux, serait de sortir la plus excentrique, la plus riche, la plus vieille dame qu'il puisse trouver, afin de favoriser l'Age plutôt que la Beauté. « La personnalité n'apparaît sur le visage des gens que quand ils sont vieux. Quelque chose de la force d'une personnalité transparaît. Un “ poptart ” devrait donc être flatteur, dans la mesure où c'est la réflexion d'une partie positive de la personnalité d'une personne. »

Juste à ce moment, Ursula Andress apparut en haut de l'escalier. Elle était splendide. Elle parlait à son coiffeur. Je voyais bien qu'ils parlaient de ses cheveux, car il faisait des gestes comme s'il lui suggérait des idées. C'était une scène grandiose.

B et moi commençâmes à débattre la question de savoir si elle était grande. Je déclarai qu'elle était petite, et B qu'elle n'était pas si petite que cela.

— Elle a une allure formidable, dit B, elle n'a pas l'air petite.

— Non, dis-je, elle est *très* petite.

— Mais elle n'a pas l'air petite, insista B.

— Elle porte des chaussures, lui fis-je remarquer.

— Elle transpire sous les bras, observa B. Regarde ! Elle se sent sous les bras !

— C'est vrai, je dis. Mais elle a bien raison de ne pas employer de déodorant parce que c'est du poison et puis avec ça on ne peut plus savoir quand on est réellement nerveux. Elle a bien raison de vouloir savoir quand elle est réellement nerveuse.

B reprit :

— Quand même, je ne la trouve pas petite.

— Je sais qu'elle n'en a pas l'air, répondis-je. Je ne le croyais pas non plus jusqu'à ce que je voie des photos d'elle.

B hurla :

— MAIS LÀ, TU LA VOIS EN CHAIR ET EN OS ! EST-CE QU'ELLE TE SEMBLE PETITE À TOI ?

Je poursuivis :

— Elle est à côté de son coiffeur, et son coiffeur est également petit, alors on ne peut pas dire.

Elle commença à descendre l'escalier.

— Regarde ! dis-je, elle est deux marches plus haut que lui, et elle n'a pas besoin de baisser les yeux pour le regarder ! Allons, B, reconnais que c'est une cacahuète !

B ne voulut pas l'admettre.

— D'accord elle n'est pas grande — mais ce n'est pas une cacahuète.

— Je parie qu'elle est encore plus petite que je ne pense. Je parie qu'elle porte d'immenses talons. Nous ne pouvons pas les voir parce que son pantalon descend jusqu'au tapis, mais je parie qu'elle est hissée sur dix ou quinze centimètres de pilotis !

— Mais elle paraît si longue, dit B, elle n'est sûrement pas aussi petite que beaucoup d'autres.

— Si, dis-je, elle est plus petite.

B commença à s'exciter.

— TU AS DÉCIDÉ DE CROIRE QU'ELLE EST GRANDE COMME UNE CACAHUÈTE !

Je répondis :

— JE L'AI RENCONTRÉE, B ! TU L'AS RENCONTRÉE AUSSI ! TU SAIS A QUEL POINT ELLE EST PETITE !

— ELLE ÉTAIT ASSISE !

— Non, dis-je plus doucement, elle s'est levée.

— Elle n'était pas si petite ! B était buté. Il déclara cette dernière phrase d'une manière péremptoire, comme pour classer l'affaire.

Je fus plus péremptoire encore.

— C'est une cacahuète.

Je dévisageai B. Il était fatigué de discuter. J'avais gagné.

Puis profitant du relâchement de sa défense, j'ajoutai :

— Ecoute, si tu faisais ton boulot, tu serais allé lui demander un entretien.

— Que devrais-je faire, courir l'interroger sur ce qu'elle ressent, à être la plus petite femme du monde ?

— Bon, elle *est* petite... dis-je. Il n'y a pas à en sortir.

Ursula descendit encore une marche, et B se dressa de nouveau.

— Regarde, elle vient de descendre une marche et on voit ses talons — ils ne sont pas tellement hauts. Elle a des talons plats. En vérité, elle est assez grande.

— B, dis-je, à côté de ce type elle paraît grande parce qu'il est encore plus minuscule qu'elle. Mais ne t'en fais pas, B — Liz Taylor est très petite aussi. Toutes les grandes stars sont petites ! »

B se mit à rire.

— Mais Liz est modelée comme ce vase bleu, là-bas, ses cheveux étant les fleurs et ses hanches la table...

— Tu sais, B, dis-je, un de ces jours Liz s'intéressera à toi ou te dira un mot gentil, et tu finiras par l'aimer bien.

— Je l'aime bien, dit B, mais elle *est* modelée comme ce vase, et ses cheveux *sont* comme les fleurs qui sont dedans.

— B, elle va venir vers moi, un jour, et dire : « Il paraît que vous avez le meilleur coiffeur du monde », et puis elle te regardera et elle dira : « Aimeriez-vous travailler pour moi ? Prenez dix pour cent de tout ce que je fais. »

Je bâillai.

— J'ai l'impression d'être deux vieilles dames, confiai-je à B.

B répliqua.

— Oh, c'est vraiment trop sous un seul toit — Liz, Paulette, Ursula, Elsa, Sylvie, Marina Cicogna, Sao Schlumberger...

— Tu es en train de citer les plus grandes stars du monde, B. Et n'oublie pas Mme Rochas.

B poursuivit :

— ... Mme Rochas, Christina Ford, Betty Catroux, Guido Mannari — tous dans une seule pièce. Christian De Sica...

— Oh, dis-je, il est adorable ! Ça va, pour les types, d'être adorables ?

— Ça va pour tout le monde, d'être adorable, répondit B.

Ma femme commençait à s'épuiser et j'étais fatigué : il était temps de monter dans ma chambre et de piquer un roupillon avant de me préparer pour l'Evénement.

12
Art

A : *Vous prenez du chocolat... et vous prenez deux morceaux de pain... et vous mettez le chocolat au milieu et vous en faites un sandwich. Et ce serait un gâteau.*

Nous séjournions à l'hôtel Mirabeau, à Monte-Carlo, dans une suite que nous avaient prêtée des amis après que nous avons été priés de quitter l'hôtel de Paris, tout près de là, parce que B avait oublié de prolonger nos réservations pour le week-end du Grand Prix. Ma chambre donnait sur un virage en épingle à cheveux de la piste. Je pouvais voir — et entendre — tous les préliminaires du Grand Prix depuis l'instant où ils commençaient, à cinq heures et demie du matin, jusqu'au soir, sans répit.

Je préparais des transcriptions lorsque B et Damian frappèrent à ma porte pour voir si j'étais prêt à sortir déjeuner. Ils étaient en avance. Damian resplendissait dans un Dior bleu nuit. Quand on l'invitait, on ne pouvait jamais savoir si elle apparaîtrait grandiose ou minable. Et sa façon de choisir son apparence n'avait rien à voir avec l'endroit où on l'emmenait — elle pouvait fort bien porter un Valentino à un concert rock et un jean à une réception de Halston. En fait, c'est sans aucun doute ce qu'elle aurait porté dans ces deux circonstances.

Damian et B dressèrent l'oreille quand ils entendirent le bruit.

— Je pensais à ces courses, dit B au moment où passèrent en vrombissant vingt petites voitures équipées d'énormes moteurs. Ces voitures pourraient se renverser à tout instant.

— Je pense que c'est juste pour voir lequel fait le plus de bruit, dis-je.

— Crois-tu que les pilotes ont des désirs de mort ?

— Je crois seulement qu'ils ont envie de faire le Grand Saut, dis-je. Comme quand Andrea « Whips » Felman a sauté par la fenêtre en disant qu'elle partait à la recherche du Grand Moment : le Paradis.

— Alors pourquoi n'essaient-ils pas plutôt de devenir vedettes de cinéma ?

— Ce serait une dégringolade, expliquai-je, parce que toutes les vedettes de cinéma essaient de devenir pilotes de courses. Et d'ailleurs toutes les nouvelles vedettes de cinéma sont des sportifs — ce sont eux, les gens vraiment beaux, les gens passionnants — et ce sont ceux qui gagnent le plus d'argent.

Le vrombissement s'atténua tandis que les voitures s'élançaient vers l'autre côté de la ville. On aurait dit un Boeing 707, et non plus le lancement d'Apollo. Je tentai d'apprécier le silence relatif pendant une minute, car elles allaient revenir dans une minute — il ne leur en fallait pas davantage pour parcourir la piste. B se souvint d'un coup de téléphone à donner et retourna dans sa chambre pour pouvoir parler là où il y avait moins de bruit.

Damian et moi étions maintenant seuls dans la pièce et, si ma femme n'avait pas été là, j'aurais été pris de panique. Je suis toujours pris de panique quand je suis seul avec les gens — je veux dire, sans un B — à moins d'avoir ma femme avec moi.

Damian se dirigea vers la fenêtre et regarda dehors. « J'imagine qu'il faut courir beaucoup de risques pour devenir célèbre, dans n'importe quel domaine », dit-elle, puis elle se tourna, me regarda et ajouta : « Par exemple pour devenir un artiste. »

Elle était terriblement sérieuse, mais on aurait dit un

mauvais film. J'adore les mauvais films. Je commençai à me rappeler pourquoi j'avais toujours aimé Damian.

Je fis un geste en direction du salami, emballé comme un cadeau, qui dépassait de mon sac Pan Am et déclarai :

— Chaque fois qu'on coupe une tranche de salami, on prend un risque.

— Non, mais je voulais dire pour un artiste.

— Un artiste ! l'interrompis-je. Que veux-tu dire, un « artiste » ? Un artiste peut très bien couper un salami aussi ! Pourquoi les gens croient-ils que les artistes sont spéciaux ? C'est un métier comme un autre.

Damian n'acceptait pas que je la détrompe. Certaines personnes ont de vieux fantasmes profondément enracinés au sujet de l'art. Je me souvins d'une nuit d'hiver glaciale, il y a environ deux ans, où je la raccompagnais à deux heures et demie du matin après une soirée très mondaine, et où elle m'avait obligé à l'accompagner à Times Square pour trouver un magasin de disques ouvert et acheter *Blonde on Blonde* et retrouver le contact avec les « gens réels ». Certaines personnes ont de vieux fantasmes profondément enracinés au sujet de l'art, et ils s'y cramponnent.

— Mais pour devenir un artiste célèbre, tu as dû faire quelque chose qui soit « différent », alors ça signifie que tu as pris un risque, parce que les critiques auraient pu dire que c'était mauvais au lieu de dire que c'était bon.

— D'abord, dis-je, ils ont presque toujours dit que c'était mauvais. Et ensuite, si tu dis que les artistes prennent des « risques », c'est insultant pour les hommes qui ont fait le débarquement, pour les voltigeurs, pour les baby-sitters, pour Evel Knievel, pour les filles adoptives, pour les mineurs de fond et pour les auto-stoppeurs, parce que, eux savent vraiment ce que « prendre des risques » veut dire.

Elle ne m'entendit même pas, elle songeait toujours aux « risques » prestigieux que prennent les artistes.

— On dit toujours des arts nouveaux qu'ils sont mauvais, pendant un moment, et c'est le risque — c'est le prix qu'il faut payer pour la célébrité.

Je lui demandai comment elle pouvait dire « arts nouveaux ».

— Comment peux-tu savoir si c'est nouveau ou non ? L'art n'est jamais nouveau quand il est créé.

— Oh si, il a une allure nouvelle à laquelle l'œil ne s'accoutume pas tout de suite.

J'attendis que les voitures aient fini de vrombir dans le virage sous ma fenêtre. L'immeuble tremblait légèrement. Je ne demandais ce qui retenait B si longtemps.

— Non, dis-je. Ce n'est pas de l'art nouveau. Tu ne sais pas que c'est neuf. Tu ne sais pas *ce que c'est.* Il ne devient neuf qu'au bout de dix ans, parce que, à ce moment-là, il a l'air neuf.

— Alors qu'y a-t-il de neuf en ce moment ? demanda-t-elle.

Je ne pouvais pas trouver tout de suite un exemple, et je répondis donc que je ne voulais pas m'engager.

— Ce qui est neuf maintenant, c'est ce qui est arrivé il y a dix ans ?

C'était pas mal. Je répondis :

— Mmmmmm ouais, sans doute.

— C'est ce que disait cette lesbienne, au déjeuner. Elle disait que même les Français très intelligents qui s'intéressent à tout ce qui est culturel ignorent les noms des artistes américains contemporains célèbres en ce moment. Ils commencent seulement à apprendre l'existence de Jasper Johns et de Rauschenberg. Mais ce que je veux savoir, c'est si, quand on disait que tes films et tes œuvres d'art étaient tellement mauvais, ça te troublait ? Est-ce que tu souffrais quand tu ouvrais le journal et que tu y lisais que ton œuvre était très mauvaise ?

— Non.

— Tu n'étais pas malheureux quand un critique disait que tu ne savais pas peindre ?

— Je ne lis jamais les journaux, dis-je.

C'était à nouveau le lancement d'Apollo.

— C'est pas vrai, hurla-t-elle, se faisant miraculeusement entendre malgré le vacarme. Je vois bien que tu lis tout le temps les journaux.

Elle regarda les piles de journaux et de magazines qui envahissaient la pièce.

— Tu en *achètes* assez !

— Je regarde les images, c'est tout.

— Allons donc ! Je t'ai entendu commenter des critiques.

Bon, j'avais l'habitude de ne pas lire les journaux, surtout les critiques de mes œuvres. Mais maintenant j'épluche très soigneusement toutes les critiques de toutes mes productions — c'est-à-dire tout ce qui a mon nom dessus.

« Quand je faisais le travail moi-même, j'expliquai à Damian, je ne lisais jamais les critiques, ni même les annonces que je faisais moi-même. Mais ensuite, quand j'ai cessé de *faire* des choses et que j'ai commencé à *produire* des choses, j'ai voulu savoir ce que les gens en disaient parce que cela n'avait rien de personnel. C'est une décision professionnelle que j'ai prise, de lire les critiques de mes productions, parce que j'estimais que, en tant que directeur d'entreprise, j'avais des gens sous ma responsabilité. Et j'imagine sans cesse de nouvelles manières de présenter les mêmes choses aux journalistes, ce qui m'est une autre raison de lire les critiques — je les parcours pour voir si quelqu'un dit quelque chose sur nous, ou *à nous,* qui peut resservir. Aujourd'hui, par exemple, dans ce journal français, l'auteur a appelé ma femme d'un nom formidable — un " magnétophone ". »

Je me dirigeai vers une pile de journaux et mis la main sur l'article dont je parlais.

— Est-ce que ça ne fait pas bon effet, sur la page ? Différent. Un autre mot pour la même chose.

— As-tu lu l'interview de toi dans le film de Liz Taylor ?

— Bien sûr que non, parce que c'est une chose que j'ai faite moi-même, alors je n'ai pas envie de savoir ce qu'en pensent les autres. J'ai dit à B de l'ôter du journal avant que je le lise.

— On y disait que tu étais « légèrement répugnant, comme un reptile ».

Elle essayait de voir s'il m'était vraiment indifférent d'entendre ce genre de choses à mon sujet. Ça m'était vraiment indifférent. J'ignorais même ce que signifiait « comme un reptile ».

— Est-ce que cela signifie que je suis visqueux ? demandai-je.

— Il y a quelque chose de particulier chez les reptiles, dit-elle, l'apparence mise à part. Ce sont les seuls animaux qui n'aiment pas être touchés.

En disant ces mots, elle bondit de son siège.

— Tu ne vois pas d'inconvénient à ce qu'on te touche, n'est-ce pas ?

Elle venait vers moi.

— Si, si !

Elle continuait à approcher. Je ne savais pas comment l'arrêter. Je pris peur et hurlai.

— Tu es chassée !

Mais cela ne servit à rien car elle ne travaillait pas pour moi. C'est une des raisons pour laquelle j'aime être avec des B qui travaillent pour moi. Elle posa son petit doigt sur mon coude, et je hurlai.

— Retire ta main, Damian !

Elle haussa les épaules et déclara :

— On ne pourra pas dire que je n'ai pas essayé.

Elle retourna dans son coin.

— Tu as vraiment horreur d'être touché. Je me rappelle la première fois où je t'ai vu. Je me suis cognée contre toi, et tu as fait un bond de trois mètres. Pourquoi cela ? As-tu peur des microbes ?

— Non. Peur d'être attaqué.

— Es-tu devenu ainsi après les coups de revolver ?

— J'ai toujours été ainsi. J'essaie toujours de garder un coin de l'œil ouvert. Je regarde toujours derrière moi, au-dessus de moi.

Puis je me repris :

— Pas toujours. J'oublie souvent, mais j'en ai l'intention.

Je me dirigeai vers la fenêtre. Nous étions au quatorzième étage. C'était le plus haut où j'aie jamais dormi. Pas le plus haut au-dessus du niveau de la mer, mais le plus haut dans un immeuble. Je dis toujours que j'adorerais vivre au dernier étage d'un gratte-ciel, mais quand j'approche d'une fenêtre, je cale. J'ai toujours peur de basculer dehors. Là, les fenêtres étaient si basses que j'avais fermé les volets métalliques la veille au soir. Je ne comprends pas cette idée qu'ont les gens riches d'habiter de plus en plus haut. Je connaissais un couple, à Chicago, qui vivait dans un gratte-ciel et, quand on en avait construit un plus haut juste à côté, ils avaient déménagé pour s'y installer. Je m'éloignai de la fenêtre. Peut-être que ma peur d'être si haut est chimique.

Je ramène toujours tous les problèmes à la chimie, parce que je crois sincèrement que tout commence et s'achève par la chimie.

— Veux-tu dire qu'on ne s'assagit pas en prenant de l'âge ? s'étonna B en rentrant dans la pièce.

— Si, dis-je, parce qu'il le faut, alors généralement on le fait.

B reprit :

— Mais si on prend conscience de la vie alors on se décourage et on n'a plus envie de vivre.

— Très juste. Damian approuvait B. S'assagir ne rend pas plus heureux. Dans un de tes films, une fille disait quelque chose comme : « Je ne veux pas être intelligente, parce que c'est déprimant. »

Elle citait Geri Miller dans *Flesh*. L'intelligence serait certainement déprimante si l'on n'avait pas l'intelligence de son intelligence. C'est le point de vue, qui est important — pas l'intelligence.

— Veux-tu dire que tu es plus sage cette année que tu ne l'étais l'an dernier ? s'enquit B.

C'était vrai. Je répondis « oui ».

— Comment ? Qu'as-tu appris cette année, que tu ignorais avant ?

— Rien. C'est pourquoi je suis plus sage. Une année de plus à apprendre davantage de rien.

B rit. Pas Damian.

— Je ne comprends pas, dit-elle. Si tu continues à apprendre davantage de rien, il est de plus en plus dur de vivre.

Apprendre davantage de rien ne rend pas le fait de vivre plus difficile, ça le rend plus facile, mais beaucoup de gens font la même erreur que Damian et pensent que c'est plus difficile. C'est une grave erreur.

Elle continua.

— Si tu sais que la vie n'est rien, alors pourquoi vis-tu ?

— Pour rien.

— Mais j'adore être une femme. Ce n'est pas rien, dit-elle.

— Etre une femme n'est rien, non plus qu'être un homme. De toute manière il faut se raser, et c'est un rien énorme. Pas vrai ? » Je schématisais, mais c'était vrai.

Damian rit.

— Alors pourquoi continues-tu à peindre des tableaux ? Ils resteront accrochés après ta mort.

— C'est rien, dis-je.

— C'est une *idée* qui continue, insista-t-elle.

— Les idées ne sont rien.

Un air rusé passa sur le visage de B.

— D'accord, d'accord. Nous sommes d'accord. Alors le seul but de la vie est...

— Rien, je l'interrompis.

Mais lui, il a continué :

— ... de s'amuser le plus possible. Maintenant, je comprenais ce qu'il tentait. Il me suggérait de leur donner de l'argent pour leurs « frais », cet après-midi.

Si les idées ne sont rien, B était en train de développer son argument pour avoir de l'argent facile — et que les objets ne sont rien, alors dès qu'on a de l'argent il faut le dépenser pour s'amuser le plus possible.

« Eh bien, je dis alors, ce n'est pas parce qu'on ne croit en rien que ce n'est rien. Il faut traiter le rien comme s'il était quelque chose. Faire quelque chose avec rien.

Il en fut dérouté.

— Quoi ?

Je répétai mot pour mot ce que je venais de dire, c'était dur.

— Ce n'est pas parce qu'on ne croit en rien que ce n'est rien.

Le symbole du dollar disparut du regard de B. Il est toujours bon de devenir abstrait quand on en vient aux finances.

— D'accord, disons que je ne crois en rien, dit Damian. Comment me convaincrais-je de devenir actrice ou d'écrire un roman ? Pour pouvoir écrire un roman, il faut y croire. Il faut être persuadé que le fait d'avoir son nom sur un livre, ou de devenir une actrice célèbre, c'est quelque chose.

— Tu peux devenir une actrice de rien, lui dis-je, et si tu ne crois vraiment à rien, tu peux écrire un livre là-dessus.

— Mais pour devenir célèbre il faut écrire un livre sur quelque chose qui intéresse les gens. A, tu ne peux pas dire que tout est rien !

Maintenant elle s'affolait, mais elle continuait à réfléchir, elle cherchait un moyen de me faire dire que quelque chose est quelque chose.

Je répétai.

— Tout est rien.

— D'accord, dit-elle. Disons que je l'admette. Alors le sexe ne serait rien !

— Le sexe n'est rien, c'est vrai. Absolument vrai.

— Mais non ! Pourquoi les gens s'y accrochent-ils tant, si ce n'est rien.

Chacun doit parvenir à ses propres conclusions en ce qui concerne le sexe — ce n'est pas une chose sur laquelle on puisse convaincre en discutant. Mais j'ajoutai pour l'amour de l'art.

— Que se passe-t-il quand tu baises, Damian ?

Elle réfléchit un instant, puis dit.

— Je ne sais pas, c'est agréable, on sent le corps de l'autre, on est impliqué émotionnellement ; je ne sais pas, on se sent différent de ce qu'on se sent le reste du temps.

— Et puis on jouit, observai-je.

— Et puis on jouit, d'accord. Mais on se sent différent, même si on ne jouit pas. C'est une sensation naturelle et normale. Et différente — après, quand j'y repense, je ne peux pas y croire !

Elle se mit à rire.

— Ecoute, dis-je. Admettons que tu penses que c'était vraiment quelque chose, et que la personne avec qui tu l'as fait pense que ce n'était rien.

Damian paraissait blessée, maintenant. Je me rendis compte qu'elle prenait mon hypothèse sur un plan personnel.

— Eh bien, si cette personne pensait que ce n'était vraiment rien, pourquoi voudrait-elle encore coucher avec moi ?

— Parce qu'il penserait que ce n'était rien et que tu penserais que c'était quelque chose, dis-je, voilà pourquoi. Il aime ne rien faire et tu aimes faire quelque chose.

B intervint :

— En fin de compte, ça revient à ce qu'une personne pense : autrement dit, il n'y a rien de vraiment objectif. Tout est subjectif. Je pourrais dire, « n'était-ce pas quelque chose que nous avons fait aujourd'hui ? » et l'autre dirait ce qu'il en pense, mais ce serait en fait la même chose qui se serait passée — les mêmes lèvres embrassant les mêmes lèvres. Une caméra le montrerait pareil, quoi qu'en en pense.

— Montrerait quoi ?

Mon esprit s'écarte toujours quand j'entends les mots « objectif » et « subjectif » — je ne sais jamais de quoi les gens parlent, je n'ai pas le cerveau à la hauteur.

— Montrerait quoi ? demandai-je à nouveau.

— Deux personnes qui s'embrassent.

— Deux personnes qui s'embrassent, dis-je, ont toujours l'air d'être des poissons. Deux personnes qui s'embrassent, qu'est-ce que cela signifie, de toute façon ?

Damian déclara.

— Cela signifie qu'on a suffisamment confiance dans l'autre personne pour la laisser vous toucher.

— Pas du tout. Les gens embrassent tout le temps des gens en qui ils n'ont pas confiance. Surtout en Europe et dans les réceptions. Pense un peu à tous les gens que nous connaissons et qui embrassent n'importe qui. Cela signifie-t-il qu'ils ont confiance ?

— Je le crois, oui, dit B ; ce B-là était têtu. Ils ont confiance en beaucoup de gens, c'est tout.

B embrassa Damian. Deux personnes qui s'embrassent ont toujours l'air d'être des poissons.

13
Titres

Je m'éveillai dan ma chambre d'hôtel à Turin un peu plus tard que d'habitude, et je passai par cette fichue seconde d'angoisse loin-de-chez-soi-mais-où ? J'étais plutôt fatigué de caracoler à travers l'Europe, à la poursuite de mon coiffeur, m'efforçant de répondre aux engagements qu'il prenait. J'étais à l'hôtel Grand Excelsior Principi di Savoia. L'hôtel Excelsior Principi di Savoia était le seul hôtel de première classe de toute la ville, sans doute parce qu'il ne restait aucun nom de première classe pour les autres.

J'étais venu à Turin pour des affaires d'art, mais j'aurais bien voulu y être pour pratiquer l'art des affaires — Turin, c'est là qu'on fabrique les Fiat. Je me souvins à demi d'avoir un jour mangé une quantité de nougats italiens fabriqués à Turin, et je me mis aussitôt à rêver qu'on me photographiait pour de grandes publicités murales, pour Fiat ou pour les chocolats Perugina. Les affiches sont plus frappantes en Italie que n'importe où ailleurs. Les Italiens savent vraiment produire de bonnes affiches.

La télévision italienne, cependant, c'est tout autre chose, et dès qu'il m'apparut que je ne verrais pas Barbara Walters, Pat Collins ni « Fais de la place pour Papa », je passai un coup de fil à B, pour le réveiller, afin qu'il commande le petit déjeuner par téléphone. Car je manque d'assurance pour le faire moi-même.

Je torture littéralement les gens avec qui je voyage. Quand je voyage, je suis aussi exigeant que Liz Taylor ou que (feu) Mme Helena Rubinstein. Les gens — les B — avec qui je voyage doivent servir d'interprète/amortisseur entre moi et l'entière civilisation où je me trouve, et ils doivent également me divertir sans cesse, car je deviens dingue sans la télévision américaine. Les gens avec qui je voyage doivent avoir très bon caractère et être très détendus afin de pouvoir supporter ce que je leur fais endurer sans craquer, parce qu'ils doivent ensuite se débrouiller pour nous ramener chez nous.

« Réveille-toi, B, il est neuf heures et demie. »

Ce B grogna, mais c'était un grognement apparemment bonhomme. Je lui dis de commander le petit déjeuner, nous pourrions le prendre dans ma chambre. Puis je me laissai couler de mon lit jusque par terre — c'était un lit vraiment haut — et me hâtai vers la salle de bains.

Quelques minutes plus tard, on frappa à la porte et B entra d'un pas trébuchant, suivi du petit déjeuner, plus assuré — une blonde aux yeux noirs avec un bol de cerises flottant dans de l'eau glacée, du pain grillé, du thé et du café. Je tendis à B un pourboire, pour qu'il le lui donne.

— *Molto grazie.*

— *Ciao, bella.* B se débauchait.

— *Grazie, signor.* (Elle était toute rouge.) *Ciao.*

« Les femmes de Turin sont très belles », déclara B en s'asseyant pour prendre son petit déjeuner quand elle fut sortie. « Le meilleur du Nord et du Sud. »

J'en étais déjà à ma dixième cerise. Elles étaient grosses, fermes, d'un rouge profond, et glacées.

— Alors, B, je lui demandai, est-ce que nous nous amusons bien, jusqu'à présent ? Est-ce que tu trouves ça chouette, dis-moi.

— La question, corrigea B, est de savoir si ta femme s'amuse.

Ma femme. Le magnétophone.

— Oh, c'est vrai. Ma femme... Pas vraiment, non. La reine Soraya me l'a fait éteindre.

— Je l'ai entendue te le dire, et puis quelqu'un a dit que tu avais l'air bien triste, assis à côté de Soraya, et j'ai expliqué : « Oh, c'est juste parce qu'elle lui a fait éteindre son magnétophone. A aime tout le monde sauf les gens qui lui font éteindre son magnétophone. C'est comme de dire, " Venez dîner, mais sans votre femme ". »

J'en étais à ma vingtième cerise consécutive. Je demandai à B s'il n'était pas agréable, pour lui, de revenir au pays de ses origines italiennes.

— Si, c'est agréable. Je dors mieux. Je suis plus en paix avec moi-même. Passe-moi le *burro,* s'il te plaît.

— Tiens. Qu'entends-tu par « être en guerre et paix avec toi-même » ?

B hésita longuement.

— C'est une bonne phrase.

J'y réfléchis, et me rendis compte de ce que j'avais dit. J'avais inventé une bonne phrase.

B *burroa* son pain.

— C'est plus comme chez nous, en Italie. Monte-Carlo, c'était comme Disneyland.

Nous avions d'abord passé quelque temps à Monte-Carlo. Nous y avions vu les mêmes gens que nous avions vus en hiver à Saint-Moritz et que nous avions vus en automne à Venise. Je déclarai à B que ce n'était pas seulement la « foule internationale » — ils constituaient une sorte de nouvelle nationalité. Une nationalité sans nation.

— Bah, l'Europe est très mélangée, maintenant, dit B, depuis la guerre. Il y a plein de mariages mixtes.

— Des pédés avec des gouines ?

Je lançai ça parce que c'est l'une des plaisanteries préférées de B. Il aurait dû rire, mais il ne releva pas.

— Je veux dire des Français avec des Italiennes, des Suisses avec des Grecques. Tu sais...

— Mais dis-moi B, pourquoi y a-t-il eu tant de guerres

en Europe alors que les rois et les reines se mariaient entre eux ? Car cela signifie que tout le monde est parent, et pourquoi les gens voudraient-ils combattre leurs proches ?

Je pose souvent cette question parce que j'y pense toujours — surtout quand je suis en Europe.

— Parce que personne ne peut se battre plus que des parents une fois qu'ils ont commencé. Surtout pour un petit prince. Ainsi, la princesse Grace veut que la princesse Caroline épouse le prince Charles.

Je ne voyais pas l'intérêt. B ne faisait que répéter une rumeur fantaisiste et internationale. Le prince Charles avait à peu près autant de chances d'aller voir Barbra Streisand dans les coulisses que d'épouser la princesse Caroline. Mais on ne sait jamais.

— En tout cas, reprit B, ça ne m'empêche pas de dormir. Pas en Italie.

— Mais écoute, B, hier soir, si tu es italien toi-même, pourquoi as-tu attaqué le prince — quel est ce fromage qu'on nous a servi ? Comment s'appelle-t-il ?

— Mozzarella.

— Le prince Mozzarella. Pourquoi l'as-tu attaqué, s'il est italien comme toi ? Tu aurais dû le défendre, au contraire.

— Je l'ai attaqué parce qu'on m'a dit que c'était un esbroufeur.

— C'est un esbroufeur. Et alors ? Nous aussi.

— Et aussi parce qu'il était gros.

— Tous les bons esbroufeurs sont gros, je lui rappelai.

— Non, il ne devrait pas être gros. Il m'aurait plu s'il avait été un bel esbroufeur.

— Depuis quand faut-il être beau pour faire de l'esbroufe ? Il s'est rudement bien débrouillé.

B fit une grimace.

— D'accord. Il s'est bien débrouillé — et il a tout dépensé en pasta.

B était déterminé à ne pas aimer le prince Mozzarella.

Je l'avais trouvé très drôle pour ma part. Mais il y avait autre chose, à propos de ce dîner, que je voulais me faire préciser par B.

— Qui était cette dame, à ma table ?

— Quelle dame ? Celle à qui tu as parlé toute la nuit ? Comment peux-tu me demander qui c'était, après n'avoir parlé qu'avec elle pendant tout le dîner ! De quoi avez-vous bien pu parler ? C'est la dame d'honneur de l'impératrice Soraya.

— Ce n'est pas la mère de Soraya ?

Je ne pouvais pas le croire. C'est sans doute pour ça que tout le monde riait.

— Tu es sûr, B ?

— Oui. C'est la dame d'honneur de Soraya.

— Alors je n'ai fait que des *faux pas* pendant tout le dîner...

Je tentai de me rappeler exactement ce que j'avais pu lui dire. J'avais démarré en lui faisant compliment d'avoir une fille aussi charmante que l'impératrice Soraya. Elle portait tellement de bijoux que je n'aurais jamais imaginé qu'elle pût être « dame d'honneur ». Je n'avais pas d'idée bien précise sur l'apparence que devait avoir une dame d'honneur, mais j'avais toujours pensé qu'elles devaient davantage ressembler à des femmes de chambre. Cette dame avait l'air tellement riche.

— Les dames d'honneur sont toutes de très haut rang, B expliqua. Certaines sont même de vraies princesses. Elles doivent être quelqu'un d'important pour pouvoir « faire honneur ». Les Dames ont des dames d'honneur pour ne pas être obligées de se balader seules.

Cette histoire commençait à ressembler à *Guys and Dolls*.

— Est-ce une domestique, oui ou non ? demandai-je à B. C'était ce que je voulais savoir.

— Non, ce n'est pas une domestique. C'est quelqu'un qui accompagne une personne, qui fait des trucs pour elle ou qui l'attend quand elle fait ses trucs elle-même.

— Alors dans ce cas je suis la dame d'honneur de mon coiffeur. Mon programme dépend de ce qu'il veut faire, il faut que je l'accompagne et que je l'attende toute la journée pendant qu'il vaque à ses affaires, et je ne peux pas m'en aller sans lui parce que je ne sais jamais où je suis ni comment retourner d'où je viens, et si je m'en allais quand même il me hurlerait des horreurs quand il me retrouverait.

B décréta que j'étais le « Pape du Pop » et qu'un pape ne peut pas être la dame d'honneur d'un coiffeur. Théoriquement, bien entendu, c'était vrai, mais en fait je sais fort bien reconnaître quand je suis dame d'honneur, quel que soit le nom qu'on lui prête. C'est l'un de mes problèmes.

Tout le monde a des problèmes, mais l'essentiel, c'est de ne pas créer de problèmes à propos de votre Problème. Par exemple, si vous n'avez pas d'argent et que vous vous en préoccupez sans cesse, vous aurez un ulcère et n'aurez pas plus d'argent pour autant, car les gens sentent quand vous êtes désespéré, et personne ne veut être impliqué avec des gens désespérés. Mais si vous vous moquez de ne pas avoir d'argent, alors les gens vous en donneront parce que cela vous est égal, ils penseront que ce n'est rien et vous le donneront — vous le feront prendre. Mais si le fait de n'avoir pas d'argent et d'en recevoir vous crée un problème, et si vous estimez que vous ne pouvez pas l'accepter et que vous vous sentez coupable et que vous voulez être « indépendant » — alors là, c'est un problème. Alors que si vous vous contentez de prendre l'argent, de vous comporter en enfant gâté et de le dépenser comme si ce n'était rien, ce n'est plus un problème, et les gens continuent à vouloir vous en donner plus.

Le téléphone sonna.

B répondit. « *Pronto.* »

C'était mon marchand d'art à Turin qui nous invitait à déjeuner. Je tentai de faire signe à B que je voulais aller à un endroit où il y aurait des cerises.

Lorsque B raccrocha, il m'annonça que nous retrouverions le marchand d'art pour le déjeuner, puis il me demanda :

— Comment devient-on discipliné ?

— Discipliné ?

— Ouais, je veux savoir comment on est censé prendre de bonnes habitudes. C'est facile pour les mauvaises. On a toujours *envie* de prendre les mauvaises habitudes. Disons qu'on mange un jour des ravioli et qu'on les trouve bons — on en mange le lendemain, et le jour d'après, et, avant de s'en apercevoir on se retrouve avec une habitude de ravioli ou une habitude de pasta ou une habitude de drogue ou une habitude de sexe ou une habitude de fumer ou une habitude de cocaïne...

Essayait-il de me faire honte pour les cerises ?

— Tu me demandes donc comment on perd les mauvaises habitudes ? lui demandai-je.

— Non.

Il m'expliqua qu'il ne voulait pas savoir comment on perd les mauvaises habitudes — seulement comment on acquiert les bonnes.

Il dit :

— Nous avons tous nos habitudes, que nous accomplissons automatiquement et que nous avons peut-être apprises dans notre enfance — se brosser les dents, ne pas parler la bouche pleine, dire pardon —, mais les autres bonnes habitudes — comme d'écrire un chapitre par jour ou de faire un petit cross tous les matins — sont bien plus difficiles à attraper. Voilà ce que j'entends par « discipliné » — comment fait-on pour acquérir de nouvelles bonnes habitudes ? Je te le demande parce que tu es très discipliné.

— Non, vraiment, je ne suis pas discipliné, dis-je. C'est juste une impression parce que je fais ce qu'on me dit de faire sans me plaindre en même temps.

C'est ma règle en trois temps : 1) ne jamais se plaindre d'une situation tant que la situation dure ; 2) si on ne peut pas croire que ce soit vrai, imaginer que c'est un film ; et 3) quand c'est fini, trouver un responsable et ne jamais le lui laisser oublier. Si la personne à qui vous dédiez le blâme est intelligente, elle en fera une plaisanterie courante afin que vous puissiez en rire ensemble chaque fois que la question surgira, et c'est ainsi que l'horrible situation peut devenir rétrospectivement drôle. (Mais tout dépend de l'acharnement avec lequel vous pourchasserez la personne que vous blâmez, parce qu'elle n'en fera une plaisanterie que si elle est désespérée — et plus vous la désespérerez en la pourchassant, meilleure sera la plaisanterie.)

Je répétai :

— Ce n'est pas de la discipline, c'est simplement savoir ce qu'on veut vraiment.

Si quelqu'un veut vraiment quelque chose, je suis toujours d'accord.

— O.K. Mais prenons le champagne. Toute ma vie, j'ai eu envie d'avoir autant de champagne que je pourrais en boire — mais maintenant que j'ai tout ce champagne, et même davantage, regarde ce qui m'arrive : un double menton !

— Tu découvres également que le champagne n'est pas ce que tu veux vraiment, puisque tu ne veux pas de double menton. Tu découvres que ce n'est pas du champagne, que tu veux, mais de la bière.

— Et alors j'aurais un ventre de buveur de bière.

B se mit à rire, à l'idée d'avoir un menton de buveur de champagne et un ventre de buveur de bière.

— Alors la bière n'est pas ce que tu veux non plus.

— Mais ce n'était pas difficile à deviner — personne ne veut de la bière.

— Si, lui dis-je. C'est bien toi qui m'as raconté cette histoire d'un dîner irlandais où il y avait six plats : une pomme de terre bouillie et six canettes.

— Oui, je crois... Mais ce n'est pas tant la chose elle-même, que je veux, que l'idée de la chose.

— Alors c'est juste de la publicité.

— Oui, mais ça marche. Si je veux du champagne, si presque tout le monde veut du champagne, c'est que l'idée — Champagne ! — impressionne, exactement comme l'idée de caviar. Le champagne et le caviar, c'est un rang social.

Ce n'était pas tout à fait vrai. Dans certaines sociétés, la merde représente le rang social.

— Ecoute, lui dis-je, tu as compris, en voyant que tu avais un double menton, que tes valeurs étaient fausses. Bon, c'est long à découvrir, mais tu finis par y arriver. Aujourd'hui encore, tu prends l'air pincé si tu ne dînes pas avec les Afghanelli, les Cuchinelli, les Pickinelli, les Mountbottom, les Van Tissen...

B m'interrompit en glapissant.

— Ce n'est pas vrai ! J'aimerais mieux dîner chaque soir avec les gosses du bureau !

— Mais oui, je dis.

Qui croyait-il tromper ?

— Ecoute, je te connais. Tu crèves de rentrer et de raconter cent mille fois à tout le monde que tu as dîné avec les Dukarno.

— Et toi alors ! Toi aussi ! Tu prendras l'air ennuyé quand tu le raconteras et moi je prendrai l'air excité quand je le raconterai, mais c'est la seule différence ! Tu peux me croire, j'aimerais mieux dîner avec de gentils mômes de mon âge !

— Quand vas-tu commencer à recevoir chez toi, B ? Tu n'as jamais invité personne chez toi. Tu vis dans un quartier bien, Upper East Side, alors qu'attends-tu ?

— C'est trop petit. C'est juste un atelier.

— Tu vis dans un atelier ? Tu ne me l'avais pas dit. C'est formidable.

Je meurs d'envie de vivre dans un atelier. Dans une pièce. C'est ce que j'ai toujours voulu, ne rien avoir — pouvoir me débarrasser de toutes mes saloperies — peut-être en mettant tout sur microfilms ou sur films holographiques — et m'installer dans une seule pièce. J'étais franchement jaloux du mode de vie de B.

— Tu as l'air conditionné ? je demandai jalousement.

— Oui.

— Incorporé ?

— Oui. Tu te laisses toujours impressionner par l'air conditionné. Je devrais peut-être donner une soirée. J'attendrai qu'il y ait une vague de chaleur, et l'air conditionné pourrait être le thème de la soirée. Mais mon atelier est trop petit pour qu'on puisse y rester plus d'une heure et demie — après, les gens deviennent claustrophobes. Le mieux, ce serait de faire une fête au champagne et aux cacahuètes, et puis d'emmener tout le monde danser.

Il était temps de commencer à se préparer pour le déjeuner. B retourna s'habiller dans sa chambre. Je posai ma serviette en papier sur le bol de noyaux de cerises pour ne pas savoir combien j'en avais mangé. C'est le plus dur, quand on a forcé sur les cerises — tous les noyaux sont là pour dire exactement combien on en a mangé. Ni plus ni moins. Exactement. C'est pourquoi les fruits à noyau unique m'angoissent. Et c'est pourquoi j'aime toujours mieux manger des raisins secs que des prunes. Les noyaux de prunes sont encore plus imposants que les noyaux de cerises.

14
L'étincellement

A New York, je passe l'essentiel de ma matinée à parler au téléphone avec un B ou l'autre. C'est « l'inventaire ». J'aime m'entendre raconter tout ce qu'un B a fait depuis la veille au matin. Je le questionne sur tous les endroits où je ne suis pas allé et sur tous les gens que je n'ai pas vus. Même si un B m'a accompagné à une soirée ou un club la veille au soir, je lui demande ce qui s'est passé car je peux avoir raté quelque chose à l'autre bout de la pièce. Si je ne l'ai pas raté, je l'ai oublié.

Je n'ai pas de mémoire. Chaque jour est un jour nouveau parce que je ne me rappelle pas le jour précédent. Chaque minute est comme la première minute de ma vie. J'essaie de me rappeler, mais je ne peux pas. C'est pour ça que je me suis marié — avec mon magnétophone. C'est pour ça que je recherche la compagnie des gens qui ont des cerveaux comme des magnétophones. Mon cerveau est comme un magnétophone qui n'aurait qu'un seul bouton — pour effacer.

Si je me réveille trop tôt pour faire l'inventaire avec B, je tue le temps en regardant la TV et en lavant mes sous-vêtements. Peut-être est-ce pourquoi ma mémoire est si mauvaise — je fais toujours au moins deux choses en même temps. Il est plus facile d'oublier quelque chose qu'on a fait à moitié ou au quart.

L'action simultanée que je préfère, c'est de parler en

mangeant. Je crois que c'est un indice de classe. Les riches ont beaucoup d'avantages sur les pauvres, mais l'avantage le plus important, en ce qui me concerne, c'est de savoir parler et manger en même temps. Je crois qu'on l'apprend en quittant l'école. C'est très important si l'on sort souvent pour dîner. A un dîner, on est censé manger — sinon, c'est offensant pour l'hôtesse — et on est également censé parler — sinon c'est offensant pour les autres invités. Les riches se débrouillent pour y arriver, mais pas moi. Ils ne se laissent jamais prendre avec la bouche pleine de nourriture et grande ouverte, moi si. C'est toujours mon tour de parler quand j'ai la bouche pleine de purée. D'un autre côté, les riches semblent prendre leur tour régulièrement ; l'un parle pendant que l'autre mâche ; puis l'un mâche pendant que l'autre parle. S'il arrive que la conversation exige une intervention immédiate en pleine mastication, les riches savent cacher aussitôt dans quelque recoin secret la nourriture à demi mâchée — sous la langue ? derrière les dents ? à mi-gorge ? — pendant qu'ils parlent. Quand je demande à mes amis riches comment ils font, ils disent « faisons quoi ? », tellement ils trouvent cela normal. Je m'exerce chez moi devant le miroir et au téléphone. En attendant d'avoir mis au point la pratique de parler et manger simultanément, je m'en tiens à ma règle de base pour le comportement dans les dîners mondains : ne pas parler et ne pas manger.

Bien entendu, on peut fort bien avoir de mauvaises manières si l'on sait s'en servir.

Un matin que je passais l'aspirateur en regardant une émission sur la peine capitale, le téléphone sonna. Je savais que c'était une certaine B, car c'est la seule qui m'appelle avant que je l'appelle. Tous les autres B attendent que je fasse le premier geste. Cette B-là est une intellectuelle conceptuelle de bonne famille. Bien qu'elle ait choisi la mauvaise ornière, son éducation transparaît. Elle peut manger, parler et *marcher* en même temps.

Je laissai le téléphone sonner un moment parce que la peine de mort était fascinante. Je finis par décrocher, et lançai d'une voix brève : « Salut, attends une seconde », et je courus me faire une tartine de confiture à la cuisine. En attendant que le pain soit grillé, je lus l'étiquette du pot de confiture. J'emportai le pot de confiture au téléphone parce que j'aime l'étaler peu à peu sur le pain grillé, fruit par fruit, bouchée par bouchée.

« Quoi de neuf », demandai-je en approchant mon oreille du récepteur et ma bouche de la confiture.

B me fit une description coup par coup de l'émission de Barbara Walters sur la peine capitale. Ça ne m'ennuya pas, car j'avais déjà oublié. Lorsqu'elle en fut au point de me décrire ce que je voyais sur mon écran, je l'interrompis.

— Quoi d'autre ?

— Je n'en sais rien, rétorqua B d'une voix aigre, car elle déteste qu'on lui coupe la parole. Que fais-tu ?

— Le ménage.

— Le ménage est une chose qui m'emmerde vingt-quatre heures par jour, répondit B.

C'est le genre de personne qui a toujours le même problème que toi, mais un million de fois plus aigu.

— Je ne pense qu'à ça, continua-t-elle avec enthousiasme. Que vais-je nettoyer ensuite ? Un tiroir ? Le bureau ? La penderie ? J'ai passé l'aspirateur dans la pièce mais pas dans le placard, et je veux absolument en finir aujourd'hui. Il faut d'abord que je shampooine le tapis. J'emploie le shampooing Old Glory Puissance Extra-Professionnelle, et je suis les instructions — en faisant des applications de quinze centimètres sur quinze. Puis je frotte à rebrousse-poil avec une brosse, et je quitte la pièce avec plein de trucs pendant environ trois heures — un magnétophone, deux ou trois livres, des magazines, des journaux — et je vais au parc m'asseoir et bavarder avec les clochards. Et puis je peux revenir et aspirer toute la mousse. Il faut que je trouve des nouveaux sacs E-11 parce que j'ai un aspirateur Singer, le modèle cylindrique. Je regrette de ne pas avoir plutôt un Hoover. La plupart des gens n'utilisent pas leur aspirateur parce qu'ils sont obligés de le ranger dans le placard à balais et quand on est chez quelqu'un et qu'on leur demande d'utiliser leur aspirateur, ils disent : « Oh, ne vous en faites pas, il est tellement lourd, et puis c'est un tel fouillis », et ils se servent plutôt du balai mécanique. Et les balais mécaniques sont vraiment démodés. Les balais mécaniques et les balais ordinaires. On ne peut pas redresser le poil d'un tapis avec le balai. Tout ce qu'on arrive à faire, c'est de mettre des petits poils de balai partout sur le tapis, et après il faut les ramasser un par un et les jeter à la corbeille — et l'on se retrouve avec encore plus d'ordures. A moins de les jeter dans la cuvette du petit coin. Alors, donc, je passe l'aspirateur. Il faut que je décide par quoi je vais commencer. Le sol ? Non. Parce que la saleté se précipite ailleurs. Alors si je n'ai pas encore fait mon lit, j'aspire au pied du lit. Sans rien au bout. Juste le long tuyau avec le truc en plastique très étroit. Comme ça, je peux faire les coins. Et puis il faut que je fasse mon bureau. Je retire tous les livres. Je fixe la brosse au bout — la brosse ronde —, je prends mon carnet d'adresses, je parcours le dessus avec la brosse et puis toutes les tranches. Si je vois une tache sur mon agenda en crocodile, qui se trouve peut-être sur mon bureau à côté de mon carnet d'adresses, il faut que j'aille chercher dans le placard mon nécessaire à chaussures et mon savon spécial pour nettoyer ça. Je nettoie tout si méticuleusement qu'il n'y a rien de désordonné ni de sale dans la pièce. Ni dans la maison. Rien. RIEN !

— Ne crie pas, B, dis-je en reprenant un peu de confiture.

— D'accord, mais disons que ma radio de poche se trouve à côté du carnet d'adresses. Eh bien, après l'avoir époussetée avec l'aspirateur, je la sors de son étui en cuir et je nettoie l'intérieur à l'aspirateur, et pendant que j'y suis j'ouvre la radio et je mets une pile neuve de neuf volts et, avec l'accessoire à petit trou, je passe également l'aspirateur à l'intérieur de la radio parce que ça maintient le truc de la pile bien propre et que ça évite d'avoir de l'électricité statique dans la radio. Et puis il y a aussi le pot à crayons sur mon bureau. Je sors tous les crayons et je les mets sur un journal, mais je pose le journal sur le carrelage de la salle de bains parce que je ne veux pas que l'encre d'imprimerie salisse ma moquette ou mon couvre-lit. Et puis je plonge le petit pot à crayons dans de l'eau chaude avec un peu de Fantastik et de savon Ivory et depuis environ un mois j'utilise un de ces trucs, non pas les tampons Brillo — il n'y a pas de savon dedans — tu sais, on dirait ces trucs en fil de fer qui pourraient servir à faire des épingles Art Déco ou des trucs comme ça ? Ces petits tampons savonneux en fil de fer décollent du fond du pot les traînées d'encre séchée et les rognures de crayons. Et puis avant de remettre les crayons dans le pot, je vérifie qu'ils sont tous bien taillés, et je sors mon taille-crayon du premier tiroir de mon bureau et je retourne dans la salle de bains pour tailler mes crayons au-dessus des toilettes, parce que si je le fais dans ma chambre au-dessus de la corbeille à papier, une partie de la poussière va retourner dans l'air avant d'aller se poser à un endroit que j'ai déjà nettoyé, et je veux absolument ME DÉBARRASSER DE TOUTE POUSSIÈRE.

Lorsque j'ai fini de tailler mes crayons, je tire la chasse d'eau puis je remets tous mes crayons dans le pot. Puis j'ôte tous les livres des étagères, et je les pose sur des journaux dans la salle de bains. Et puis, tu sais, juste un petit coup avec la brosse. J'aspire. Et puis il faut que j'astique. J'apporte l'Endust — c'est bien mieux que Vieil Or ou Secret ou Secret au Citron. Quelle farce, cette manie d'ajouter du citron partout. Le citron, ça remonte à 1973, je crois. Tout devenait citron. Cette année, tout est « étincellement ». Et Endust donne cet étincellement aux meubles. Je le vaporise sur un chiffon jaune. Il faut que je me souvienne, une fois que j'ai fini le ménage, de laver le chiffon. Je me contente de le passer sur les étagères. J'ai un truc avec mes cigarettes dedans — pas une boîte, un genre de verre — j'en sors toutes les cigarettes et je l'agite au-dessus des toilettes pour ne pas avoir de miettes de tabac partout. Puis je passe à la petite boîte suivante, qui ne contient que des stylos, des ciseaux, des canifs Exacto et des choses de ce genre, et je vérifie que tous les stylos bille marchent. S'ils n'écrivent pas dès la première lettre, je les jette aussitôt à la poubelle. Dans ma poubelle, j'ai un beau sac poubelette d'un format parfait pour éviter d'avoir à laver le seau chaque fois que je le vide.

Puis je fixe la brosse sur l'aspirateur et je brosse tous les livres. Sur les côtés, sur la couverture. Si la couverture est moche ou abîmée, je prends un peu de papier ConTact pour recouvrir juste la partie extérieure du livre et je colle une étiquette de couleur assortie sur la tranche. Si j'ai un vieux livre comme un Sherlock Holmes, et que les bords de la couverture sont en lambeaux, eh bien, je retire la couverture et, si elle n'est pas d'une jolie couleur qui va bien dans la pièce — si elle est brun sombre, par exemple, alors que je n'aime pas le brun sombre, j'aime le jaune — j'emploie du papier ConTact. De cette manière, mes étagères bénéficient d'une certaine continuité.

Ensuite, je passe ma machine à écrire à l'aspirateur. C'est une vraie corvée. Il faut que je fasse très attention, sinon je pourrais esquinter la machine. L'aspirateur est déjà sorti, et je lui laisse la même brosse. Je le branche et je me contente d'effleurer doucement les touches. Et puis je mets le long tuyau étroit et je dévisse le dessus de la machine avec un tournevis et je m'occupe de chaque touche. Je prends une bouteille d'alcool dénaturé et toute une boîte de cotons-tiges. Avec l'idée d'en être prodigue, car j'emploie un côté par lettre. Et comme il y a deux lettres par touche, j'use un bâtonnet par touche. Puis je souffle un peu avec ma bouche sur la machine à écrire pour envoyer la poussière vers le gros trou. Et je passe l'aspirateur.

Puis je prends le Fantastik et j'en mets sur une chiffonnette Essuie-Tout. Il y en a des jaune et blanc, des turquoise et blanc, et des rose et blanc. Je prends les jaune et blanc. Cette année tout est vert et blanc et jaune et blanc. Pas citron, simplement jaune, je ne sais pas pourquoi. Je mets donc un peu de Fantastik sur la chiffonnette et je la passe entre les touches avec un bâtonnet pour être sûre que les parties blanches entre les touches noires sont propres. Les gens qui ont un piano devraient bien en faire autant. Il faut faire attention de ne pas laisser le Fantastik couler là où il y a les touches parce que cela abîmerait les entrailles de la machine. Et puis je m'assure que les prises sont propres — mais je vérifie d'abord que c'est débranché pour ne pas recevoir de décharge. Les fils électriques blancs se salissent beaucoup. Quand j'en ai un qui paraît trop sale, je le retire et j'écris sur un petit bloc de papier blanc — « nouveau fil électrique 15 cm ». Et puis je m'attaque aux tiroirs du bureau. J'ai plein de cassettes dans le tiroir du haut, et il faut que je m'assure que mes cassettes sont toutes en ordre. J'en sors toute une pile et je les pose sur un journal. Puis je vaporise du Fantastik dans l'espace libéré, et j'essuie avec une chiffonnette. Ensuite, j'époussette et j'essuie chaque cassette avec un petit morceau de Windex qui convient à leurs emballages de plastique. Je ne défais jamais les piles et je ne change jamais l'ordre, parce qu'une fois j'ai mélangé deux années et il m'a fallu très longtemps pour les remettre dans l'ordre, pile par pile, date par date. Et puis souvent cela me distrait, parce que je vois une bande et je me dis : « Oh, mon Dieu, cette personne-là est morte, je devrais bien l'écouter une minute. » Alors j'expédie rapidement ce ménage-là. Je passe ensuite au second tiroir, qui est réservé à la papeterie : format commercial jaune en bas, format commercial blanc au-dessus, et puis des formats plus petits, et des enveloppes en travers — tout est parfaitement réparti. Je sors tout, je vérifie tout, et je m'assure que cela me convient encore. Par exemple, j'ai deux blocs de papier qui proviennent d'un magasin de fournitures d'art et qui sont pour écrire des publicités télévisées, alors ils ont la forme d'une télévision. Eh bien, je sais que je ne m'en servirai sans doute jamais. Je passe ensuite la revue des enveloppes. J'ai clairement inscrit à la machine ce qu'il y a dans l'enveloppe. Si l'étiquette est devenue sale ou qu'elle s'abîme, j'en tape une nouvelle. Quant aux lettres que je garde, je les examine pour voir si j'ai encore envie de les conserver. Je peux retrouver ainsi des cartes d'anniversaire. Tu sais, les gens sentimentaux qui s'intéressaient à moi l'année précédente. Je les fiche à la poubelle. Avec celles qui ne sont pas spécialement jolies — poubelle. Je ne veux pas me donner le mal de les classer avec les « Cartes des Gens Célèbres ». J'ai des cartes postales grand format qui devraient aller dans une boîte de collection de cartes postales, mais j'ai oublié d'acheter la boîte de collections de cartes postales — alors je note de l'acheter. D'abord, je mesure les cartes postales. Et j'irai acheter la boîte chez Goldsmith dès que j'en aurai les moyens. Et puis il y a tous mes petits carnets d'adresses. J'ai toute l'Europe, l'Angleterre, l'Espagne, Rome, Paris, retenue par un élastique. Et puis j'ai mes carnets de Paris et mon agenda de l'an dernier, c'est toujours bon à garder pour les impôts, et des petits carnets de voyage des années 60 dont je n'ai vraiment pas besoin, mais je ne veux pas m'en débarrasser parce qu'ils vaudront peut-être quelque chose plus tard. Quand les années 60 reviendront à la mode. Je les sors tous et je passe l'aspirateur avec l'embout-brosse, et je retire à la main la poussière qui reste, j'ôte le papier ConTact — il y a du papier ConTact au fond de mes tiroirs — parce que je veux épousseter *sous* le papier ConTact. Je veux atteindre le bois...

— Allô ?

On nous avait coupés, comme toujours. B vit dans une petite pension de famille où le standard est débordé. De temps en temps, la standardiste coupe la communication de B parce qu'elle estime que B a eu plus que sa part de temps de parole. B est ensuite obligée d'attendre plusieurs minutes pour avoir une nouvelle ligne. Cela ne la contrarie pas vraiment, et moi non plus — cela nous donne le temps d'aller aux toilettes. Cette fois, cependant, vingt minutes s'écoulèrent avant que B me rappelle. Je n'ai vraiment pas besoin de passer autant de temps aux toilettes. Je fus tenté d'appeler une autre B pour tuer le temps et, comme j'allais former le numéro, le téléphone sonna et c'était à nouveau cette B-là.

— Navrée, dit-elle, c'est un mauvais jour.

— Mais j'ai attendu vingt minutes.

— A, je ne pense pas au temps, je pense au DÉTAIL ! gronda-t-elle. Je pense à tous les nettoyages que je dois faire ! Quand j'ai fini le tiroir à papeterie, quand j'ai passé l'aspirateur sur tous les petits blocs de papier ordinaire et les enveloppes par avion, que j'ai tout sorti et tout remis, il faut encore que je fasse le tiroir d'en bas, celui qui est plein de photos. Il y a plein d'enveloppes qui disent « Divers », dans ce tiroir, et c'est une des choses que j'essaie de supprimer de ma vie, ce mot « Divers ». Il faut que ça disparaisse. Car rien n'est divers. J'ai donc décidé de sortir tout ce qui est dans « Divers » et de le mettre dans un autre dossier. Je sors des choses comme « Laissés pour compte » et des enveloppes que des gens m'ont envoyées avec une photo que j'avais envoyée à quelqu'un qui est mort, et des photos de livres, et ce genre de choses. Et je dis : « Ai-je vraiment besoin de tous ces laissés-pour-compte ? » J'ouvre donc le paquet et je regarde. Bon, je ne vais pas garder tous ces laissés-pour-compte, je ne garderai que les plus importants. Le reste, à la poubelle. Je gagnerai bien deux petits centimètres si je jette aux ordures quelqu'un comme — Lee Tallberg. Qui diable est Lee Tallberg ? Rotten Rita ? Bon, peut-être que je devrais garder Rotten Rita. Peter Hugall... Bon, je vais peut-être garder les laissés-pour-compte, finalement. Je ferai peut-être un livre de laissés-pour-compte. Je les garderai dans la même enveloppe, et je les ferai publier tels quels. « Laissés-pour-compte dans une enveloppe. » Et puis il faut que je vérifie le dossier des Garanties. En fait, il n'y a pas de raison de garder des bons de garantie au delà des quatre-vingt-dix jours de garantie. J'examine donc le contenu de l'enveloppe et je me débarrasse de presque trois centimètres en jetant toutes les garanties depuis 1965, tu sais, les magnétophones, les appareils de photo, et quand j'ai expédié la justification de garantie je garde le reçu, mais ils m'envoient au bout d'un an une carte IBM qui dit : « En cas de réparation ou de changement de pièce, les frais s'élèveront à 17 dollars. » Je garde aussi, bien entendu, mes reçus de paiement d'impôts des trois dernières années et chaque mois — je les conserve bien soigneusement dans des enveloppes commerciales — ça n'entre pas très bien, mais je garde tout 1973 dans une enveloppe bulle qui dit, « Reçus ». Et puis des photocopies de choses que je garde parce qu'il n'y avait aucune raison au départ pour que je les photocopie, et qu'il n'y a donc aucune raison pour que je les regarde maintenant. Puis « Idées ». Bon, l'enveloppe d'idées est vide, mais comme je risque peut-être d'en trouver un jour, autant garder l'enveloppe pour le dossier. « Factures à payer. » En fait, « Factures à payer » n'est pas un dossier qu'on devrait cacher au fond d'un tiroir et, si je veux être meilleure ménagère, je devrais sortir ces factures à payer et les garder à portée de vue. « Avocat. » Bon, toutes les lettres de l'avocat sont datées et je les garde bien en ordre, avec sa dernière lettre sur le dessus. Ce dossier-là, je le garde. « Lettres à Ecrire. » Voilà encore un dossier absurde, parce qu'il n'y a qu'une lettre dedans, pour Heiner Friedrich et John Girono, pour leur renvoyer quelque chose, et je sais que je ne l'enverrai jamais, je vais donc la jeter, et le dossier aussi, et j'ai déjà gagné près de deux centimètres. Maintenant, « Doubles de lettres ». C'est un bon dossier, parce que ce sont les lettres amusantes que j'ai écrites. « Possibilités de films. » C'est un bon dossier aussi. Je n'en ai pas encore trouvé, mais j'y pense toujours. Maintenant, mon enveloppe « Comptabilité » — je la garde. Celle-là, j'en ajoute même, chaque fois que je vois un article dans le *New York Magazine* sur les plantes qu'on peut déduire. Je le découpe et je le mets dans le dossier pour le comptable — « Pouvoir de Déduction » — en rayant le nom du bureau — comme ça, je le saurai pour l'an prochain. « L'avocat marron. » C'est un scénario. Bon, aucune raison de ne pas garder des scénarios. « Jeux écoliers. » C'est un scénario original écrit à la main. Maintenant, j'ai un petit machin de pièces étrangères, là. Les seules que je devrais me donner la peine de garder, j'imagine, ce sont les kopeks parce qu'il n'y a pas assez d'argent anglais, c'est uniquement de l'argent russe, alors je vais le garder. Et voilà un tiroir propre. Maintenant il faut que je reprenne mes chiffonnettes, que j'époussette mon bureau, sans oublier les tranchants, avec de l'Endust. Et puis il faut que je sorte de la poubelle que je garde sous mon lavabo le plus horrible des produits. C'est Noxon. C'est vraiment le produit le plus puant qu'on ait jamais fait. Mais il faut que je fasse les cuivres de mon bureau. Les petites poignées. Je déchire une taie d'oreiller parce que le chiffon ne convient pas. Il faut vraiment que je parvienne dans toutes les rainures, avec Noxon. Il y a six appliques sur le bureau, et je pourrais en profiter pour faire aussi les poignées de portes. Une fois que c'est sec, je mets du Noxon dessus et je frotte avec un chiffon à reluire, pour que ça brille. Et puis pendant une semaine, si je veux que ça reste propre et brillant, j'enfile des gants de nuit en coton blanc chaque fois que j'ouvre mon bureau. Puis je me rends compte que j'ai oublié le grand tiroir central de mon bureau. Et puis je me rends compte que j'ai oublié la timbale d'argent où je garde mes crayons. Je pourrais bien faire l'argenterie en même temps. Je vais donc chercher mon unique cuillère d'argent — que j'ai volée à ma mère — et une petite cuillère demi-tasse en argent pour quand je suis d'humeur *ad hoc,* et ma timbale d'argent, et mon porte-clés en argent, puis je vais chercher mon Gorham Silver Polish dans la salle de bains et j'enfile mes gants de caoutchouc jaune doublés. Doublés pour qu'ils ne me collent pas aux mains. Mais d'abord je me talque les mains avec le talc extra-doux de Johnson's pour les bébés — la pâte pour l'argenterie et le Noxon abîment les mains, les dessèchent. C'est une impression très drôle, comme la bouche desséchée. Je nettoie l'argenterie avec un petit chiffon, puis je la rince dans de l'eau chaude savonneuse, et ensuite je frotte. Mais comme je ne veux pas salir encore un chiffon, je frotte généralement l'argenterie avec du papier hygiénique. Et puis il y a un vase sur mon bureau que je veux nettoyer, alors je le mets dans l'eau savonneuse, et puis je mets du papier hygiénique au milieu pour sécher le fond. Et après, il faut que je fasse le tiroir du haut.

— Tu as déjà fait le tiroir du haut, observai-je du fond de ma confiture.

— C'était le tiroir du haut de mon bureau, grommela B. Il faut aussi que je fasse celui du haut du milieu. Et ensuite il faut que je passe l'aspirateur parce que si j'avais commencé par aspirer, toute la poussière serait déjà revenue. De toute façon, donc, je fais le tiroir du haut. Je le sors entièrement. Même quand je le nettoie tout le temps, il est toujours en fouillis. J'arrive à le garder propre pendant exactement une heure, quand je le nettoie. Il faut que j'accepte, dans ma tête, que c'est une affaire sans fin. Le tiroir du haut sera toujours en désordre, et il faudra toujours que j'y passe l'aspirateur. Je veux dire que si je commande du café le matin et que je verse le sucre du sachet dans la tasse, eh bien, quelques granules tomberont par terre et sur mon bureau. Même si je ne le sens pas, ce granule, je sais qu'il est là. Même si je ne la vois pas, je sais que la saleté est là. Et puis il y a un endroit du tapis qui est plus ou moins usagé, tu sais, il y a une ligne et on voit le fil, mais on ne voit pas la couleur. Je cherche dans mes Markers Magiques jusqu'à ce que je trouve la bonne couleur. Je l'essaie sur une feuille de papier blanc, et puis je tente avec précaution de couvrir la ligne grise de la moquette qui n'a plus de tapis dessus pour que ça aille ensemble. Maintenant, mes lunettes paraissent dégoûtantes, là-dedans. Je les sors du tiroir et je les pose sur une autre feuille de journal. Sur la serviette qui recouvre le lit. Je n'ose pas les mettre sur le couvre-lit que j'ai rapporté hier de chez le teinturier. Maintenant, voyons. Gouttes pour les yeux. Il y a cinq bouteilles de gouttes pour les yeux, là-dedans : Collyrium, Visine, Murine Numéro Deux, Couleur Bleue Française — elles ne sont pas *sales*, mais leurs petits capuchons le sont. Elles ont toutes bien besoin d'un petit coup de Fantastik. Et d'être époussetées. Elles se retrouvent donc aussi sur la serviette. Maintenant, voilà de la crème de Vaseline Soins Intensifs. Le pot n'est pas *sale*, mais le couvercle a des grains de café collés dessus, avec quelques cristaux de sel, un cheveu, une miette de gaze... Si je regarde attentivement à la loupe, je trouverai peut-être même un peu de soupe renversée dessus. Il faut absolument nettoyer tout ça avec du Fantastik. Je sors tout du tiroir du haut, et je mets tout sur la serviette. Puis je prends l'aspirateur avec l'embout-brosse et je brosse et j'aspire tous les coins et recoins. Puis je vais dans la salle de bains m'assurer que le lavabo est vraiment propre. Je prends du Lysol Evier Propre. Pas du Lysol en vaporisateur pour les mauvaises odeurs ni du Lysol pour les cuvettes du w.-c. C'est du Lysol pour les baignoires et les lavabos. En vaporisateur. Je vaporise tout le lavabo et le trou et le fond du tuyau d'écoulement. Je porte mes gants de caoutchouc. Puis je lave mes brosses et mes peignes pour les stériliser. Puis je mets mes cinq peignes et ma brosse à cheveux Mason Pearson — mais d'abord je regarde dans mes poches et dans mon placard s'il ne traîne pas d'autres peignes — dans du Détergent Ivoire Liquide. Je les laisse tremper cinq ou dix minutes et puis je prends une brosse à ongles — du genre que j'aime chez les marchands de couleurs, qui coûtent trente-cinq ou trente-sept *cents* et maintenant on peut les acheter en soie blanche, je trouve que c'est plus joli que la soie naturelle dans une salle de bains. Et je brosse chaque peigne dans les deux sens, dans l'eau savonneuse. Puis je fais écouler l'eau savonneuse et je mets chaque peigne sous le jet de la douche, dans la baignoire, pour le rincer. Ensuite, je pose tous mes peignes et ma brosse sur une serviette blanche, et je les enveloppe dedans avant de les mettre à sécher quinze minutes sur le rebord de la fenêtre, toujours enveloppés dans la serviette pour éviter qu'ils se salissent avec la suie. Là, ils sont vraiment propres. Et puis j'ai une boîte en plastique où je range tout mon nécessaire à ongles, mes pinces à épiler, mon appareil à ôter les points noirs — et je me souviens en nettoyant que je ne cherche pas uniquement à nettoyer les choses avant de les mettre en place, je veux aussi ÉLIMINER. Puisque j'ai une dizaine de pinces à épiler là-dedans, pourquoi ne pas vite attraper un miroir pour épiler quelques poils ici et là — pour m'assurer que mes pinces fonctionnent. Une fois que c'est fait, je les examine bien pour voir s'il n'y a pas une goutte de miel séché dessus ou quelque chose de ce genre. Si la pince a l'air propre et qu'elle fonctionne, je la remets dans son petit étui. Si la pince n'est pas bonne, je prends une enveloppe dans le tiroir à enveloppes — une enveloppe blanche — et j'écris dessus à la machine « Pince à épiler à réparer ». Puis je prends mes pinces à ongles — elles sont généralement en bon état parce que je les range dans leurs étuis à pinces. Elles ont l'air sale et poussiéreux parce que les étuis sont en plastique transparent. Mais elles ne sont pas sales à l'extérieur parce qu'elles sont toutes restées à l'intérieur d'une boîte en plastique à l'intérieur du bureau, mais ce qui paraît sale et terne, c'est l'intérieur du plastique. Il faut donc que je coupe un petit bout de chiffon — avec un peu de Fantastik dessus, et que je l'insère à l'intérieur de l'étui pour que le plastique redevienne clair et net comme du verre. Après ça, je remets mes pinces à ongles dedans. Et puis je sors tout, comme le polissoir à ongles et, oh, quelques petites bricoles comme les bâtonnets en bois pour les ongles. Bon, je regarde s'il y en a de sales ou émoussés — et je les jette directement à la corbeille, et j'inscris « bâtonnets à ongles » sur ma liste. Je la mets sur la machine à écrire, et je tape « Choses à acheter », puis je souligne et j'inscris au-dessous « Bâtonnets Orange ». C'est leur nom. Puis je passe aux crayons à sourcils...

C'est alors que je bâillai. Malheureusement, je m'enfournais de la confiture dans la bouche, et comme je bâillais, elle fut aspirée trop profondément dans ma gorge et ma gorge la rejeta et la cracha sur le récepteur. Je lâchai tout et courus à la cuisine chercher une serviette en papier puis je revins et essuyai le récepteur. En entendant tout cela à l'autre bout du fil, B en conclut que notre conversation m'ennuyait, mais ce n'était pas le cas. J'avais juste été attrapé à manger et parler — car bâiller est une manière de parler — en même temps.

— Bon, d'accord, alors j'ai donc nettoyé tout le machin du haut, je l'ai vidé en nettoyé. Maintenant, je prends mon Hoover, le truc le plus démodé qu'on puisse imaginer, le plus formidable, mon bon vieux Hoover. Mais il est terriblement dur à manœuvrer. J'aime mieux le genre cylindrique. Il faut que j'attrape les stores vénitiens. Sur ceux-là, je vois toujours la poussière et ça me rend folle ! Folle. Parce que je la VOIS. Et si j'y touche avec mes doigts, je sais que ça s'envole dans l'air. Alors je monte sur une chaise avec l'aspirateur dans ma main gauche — j'ai remis la brosse — oh, je prends le store vénitien et je tire le cordon pour l'ouvrir, en quelque sorte, et j'aspire en aller et retour. Puis — quand j'ai bien aspiré la poussière — il faut que je lave les stores. Et me voilà nue, complètement déchaînée, à vouloir laver mes stores. J'ai tellement chaud d'avoir nettoyé et aspiré — tu vois, les gens ne comprennent pas que l'aspirateur est comme un jouet. Tu sais, comme ces chariots pleins de petits robots qu'on achète pour rien et qu'on donne aux enfants pour qu'ils les fassent marcher et tourner à travers la pièce. Je veux dire que ça pourrait servir de décoration, comme les jouets. Un aspirateur cylindrique pourrait ressembler à un petit cheval, ce serait charmant, dans une chambre d'enfants. J'accroche le mien derrière la porte de la salle de bains. Et j'y range aussi les accessoires. Donc, une fois que j'ai ôté toute la poussière des stores — parce que si je les lave avec la poussière, j'aurai une baignoire pleine de poussière ; je les mets dans la baignoire. Je mets toujours mes gants en caoutchouc pour le faire. Et puis je passe l'aspirateur dans tous les autres tiroirs et par terre. Ce que je veux, c'est redresser le poil de la moquette mais, avant de passer l'aspirateur, je ramasse toutes les petites choses que je peux voir sur mon tapis. Si je vois une tache, je sors mon shampooing à moquette. Il existe un nouveau shampooing, maintenant, qu'on est censé vaporiser et aspirer aussitôt. Donc, je vaporise, ça pénètre dans le poil, et j'aspire quelques minutes plus tard — c'est parfaitement propre. Pour les taches sur les tapis, j'emploie les bâtonnets à taches. Renuzid, nettoyant fluide — ou n'importe quoi du même genre. J'emploie l'embout le plus petit. Parce que je passe toujours l'aspirateur à genoux, et nue — je ne passe jamais l'aspirateur habillée —, et je passe et repasse avec un mouvement vertical très rapide, avec le tout petit embout. Et je regarde de très près pour m'assurer que j'ai bien tout enlevé, et je me dis : « Mon Dieu, pourquoi ai-je donc toutes ces fibres jaunes de tapis de bain alors que mon tapis est turquoise ? » Ce que je ramasse est bel et bien jaune ! Parce que ça s'est collé, tu comprends, au bord du tuyau. Alors je fais ce que je peux, je vais dans tous les coins et quand j'arrive à un coin du tapis, je le soulève même. Alors je décide : « Pour m'amuser, je vais passer juste un petit coup rapide sous le tapis. » Dessous, là où le plancher devient tout vieux et craquelé, il y a des clous. J'entends tout le temps " ZZZZDDDZZZZZPPPP ", et je ramasse plein de trucs. Quand j'arrive au placard, c'est passionnant. Je sors tout et je trouve toujours cinq cent millions d'écaillures de peinture qui sont tombées des murs du placard jusque par terre, et je les entends remonter le tuyau de l'aspirateur en cliquetant — j'adore ça. J'adore la sensation d'entendre que ça monte. Autant que j'adore vider les cendriers avec l'aspirateur. Tu vois, si c'était un jouet d'enfant, toujours prêt et branché, comme une bicylclette, ce serait fantastique de — juste faire crisser le tuyau. Mais il y a toute la corvée de le sortir du placard, et puis c'est lourd, ça ennuie les gens, ils se plaignent. Quand j'étais petite et qu'il fallait nettoyer après une réception, j'ai été la première à penser qu'on pouvait mettre quarante rallonges à un aspirateur pour aller près de la piscine ramasser quarante mille millions de miettes d'épluchures de cacahuètes dans l'herbe. Personne d'autre n'y avait jamais pensé. Ces idiots de gardiens étaient trop idiots. Ils se contentaient de dire : « Va les ramasser. » Et je me retrouvais là, en train de les ramasser à la main — mais je leur ai flanqué une sacrée secousse le jour où j'ai passé mon Hoover dans l'herbe. De cette manière, il ne m'a fallu que cinq minutes pour ramasser toutes les épluchures de cacahuètes.

Et puis il y a des miettes de thé dans la boîte où je conserve mes sachets de thé. Thé Lipton. Il y a quelque chose comme quarante-cinq sachets. Bon, je sors tous les sachets de la boîte et j'aspire le fond, parce qu'il est tombé un peu de thé des sachets... Et puis je suis pétrifiée à l'idée que mes voisins vont entendre l'aspirateur marcher sans cesse et je me demande s'ils croient entendre une chambre où le personnel fait le ménage à deux heures du matin pour l'arrivée d'un nouveau client. Tu sais ? J'oublie toujours qu'il faut nettoyer le fond de mes sacs en plastique parce qu'ils ont tous des résidus dans le fond. Tu sais, il pourrait rester un petit bout de papier au fond des sacs, une cacahuète, des miettes, n'importe quoi. Il faut que je pose le sac par terre et que j'y mette les deux pieds — là, je peux y glisser le tuyau. Autrement, je veux dire si on tient le sac à la main et qu'on l'aspire, on aspire le sac lui-même. Et puis je passe l'aspirateur sur mes plantes. Il faut faire cela avec une infinie délicatesse. Je n'aspire que le côté de la terre, le fond du plat où l'eau est censée s'écouler. Et très très doucement j'aspire la poussière des feuilles. Puis j'ouvre l'appareil de conditionnement de l'air, là où il y a l'écran, j'éteins le moteur du conditionneur, et je passe l'aspirateur sur l'écran à l'intérieur du filtre et puis tout autour du fond et dessus et dessous et sur le rebord de la fenêtre, et si tout ne vient pas, si tout n'est pas parfait, j'écris sur mon bloc « Choses à faire » de repeindre la tache du rebord de la fenêtre, de repeindre la partie du radiateur qui jaunit.

Je pourrais aussi repeindre l'aspirateur — vert ou jaune, pour l'été — et lui trouver une place. C'est tellement beau. Au fond, on peut prendre le bout de tuyau à succion et le visser sur le fond de l'aspirateur — ça ferait une soufflerie d'air. Un jour que je n'avais pas mon séchoir à cheveux, j'ai pensé que je pourrais m'en servir pour me sécher les cheveux. J'ai donc attaché le tuyau à la soufflerie et j'ai soufflé dehors tout ce qu'il y avait dans le sac. Tout est sorti en particules de poussière. Une chose — on peut toujours voir quand on change ses habitudes en regardant ce qu'il y a dans le sac en papier de l'aspirateur.

Et puis, A, tu sais l'importance que j'attache à l'apparence du devant de ma porte. J'entends la femme de ménage qui fait le couloir — elle ne le fait pas avec un aspirateur, elle le fait au balai, et elle chasse la poussière de la pièce à travers le couloir avec un balai aussi. Eh bien, c'est mon territoire et j'estime qu'elle a tort d'agir ainsi. Et je suis donc obligée de passer l'aspirateur dans le couloir. Et un jour, de manière purement belliqueuse parce qu'ils ne nettoient jamais les murs de couloirs, je suis sortie dans ma robe africaine et j'ai lavé un mur — j'essayais un nouveau produit sur leur mur avant de m'en servir sur le mien. C'était Big Wally. J'ai tous ces produits par la télévision. J'employais donc Big Wally sur leur mur et la femme de ménage me regardait, sans rien dire. Mais je lui glissais des allusions, dans le genre : « Je sais bien, votre syndicat ne vous permet pas de le faire. »

Pour je ne sais quelle raison, cette conversation me donnait grand-faim. Mais je me fatiguais de la confiture de raisin. Je voulais quelque chose de plus exotique, comme de la goyave. J'ai donc délicatement posé le récepteur, et je me suis rendu sur la pointe des pieds à la cuisine pendant que B continuait à parler.

— Tiens, à propos, je repense à l'art dans les toilettes. Voilà comment ça a commencé. Un jour, j'ai décidé de déchirer toutes les photos nues de moi. Je passais mes Polaroïd à l'aspirateur — je venais de finir d'aspirer mes carnets de chèques — et j'ai décidé qu'il fallait aspirer aussi toutes les petites boîtes où je garde mes Polaroïd parce qu'elles étaient pleines de cheveux et de miettes de pain. Je ne sais pas si ça arrive à tout le monde, je ne sais pas comment je fais pour toujours perdre un cheveu quand j'ouvre un tiroir — je n'arrive pas à comprendre. Bon, en tout cas, il faut que je sorte toutes les Polaroïd et c'est comme pour les cassettes il faut que je les garde bien en ordre parce qu'elles sont classées. Donc, ce jour-là, j'ai décidé de passer en revue toutes les photos de moi, toutes mes autophotos où je m'agenouille, je rentre mes joues, je presse mes seins, je me prends en photo. J'ai donc regardé tout le dossier et j'ai déchiré celles qui n'étaient plus bonnes et je les ai jetées. Et le lendemain l'homme à tout faire est venu et m'a dit — je l'avais fait venir pour lui emprunter encore cinq dollars ou quelque chose comme ça, parce que l'argent, c'est comme le nettoyage, ça m'angoisse terriblement — bref, je lui ai demandé si je pouvais encore lui emprunter cinq dollars et il a dit oui, c'est un homme à tout faire noir, il m'a dit, « J'ai quelque chose très proche de vous, là », et il caressait sa poche de poitrine, du côté gauche. Je lui ai demandé, « Quoi donc, John ? » et il a dit, « Je le garde tout près de moi, ici », et il l'a sorti, il l'avait tout bien recollé, et voilà. Une photo de moi nue. Alors avec cette histoire, je me suis mise à faire attention à ce que je mets dans mes corbeilles qu'on vide au bout du couloir. Maintenant, j'emporte souvent des choses dans des sacs en plastique hors de l'hôtel, et je les jette dans une poubelle au coin de la rue. Il *faut* que je fasse tout cela. Parce que quand je tire sans arrêt la chasse d'eau, je ne veux pas que les gens pensent, de l'autre côté du couloir, que j'ai la diarrhée pendant trois heures d'affilée alors que je jette des choses dans la cuvette des toilettes. Comme le *TV Guide*, par exemple. Ou un paquet de cigarettes vide. Je ne veux pas les mettre dans la corbeille à papier parce que je veux qu'elle soit VIDE, alors je m'assieds sur le rebord de la baignoire, je déchire deux pages à la fois de *TV Guide*, je les déchire en cinq ou six morceaux, je les jette dans la cuvette, et j'actionne la chasse d'eau, et ainsi de suite pour tout *TV Guide*. Tu sais, si je viens juste de vider mon seau et que je vois, « Oh, c'est le *Guide* de samedi dernier ! ». Et puis je le fais avec un paquet de cigarettes vides. Je sors le papier d'argent et j'en fais une boule — dans la cuvette — puis je prends la petite boîte de Marlboro et je la déchire en petits morceaux. Je me rends compte que j'arrive à jeter pas mal de choses, là-dedans. Oh, et puis je me rappelle que j'ai du lait sur le rebord de la fenêtre depuis quatre heures, et je pense qu'il est en train de tourner, mais je ne le goûte jamais pour vérifier, je verse donc le lait et puis il faut que j'aille chercher des ciseaux parce que je n'arrive pas à déchirer le carton, quelquefois, à cause de mon arthrite dans les doigts de la main gauche, je suis donc obligée de découper le carton en petits carrés et de tirer la chasse d'eau — ça fait déjà quatre fois que je la tire... ALLÔ... ALLÔ...

— Allô, dis-je, arrivant juste à temps avec de la gelée de pomme et une cuillère propre.

— Je déteste que tu me quittes ainsi, A. Si je pouvais parler toute seule, je le ferais — mais je ne peux pas. C'est pour cela que j'ai besoin de toi.

B était au bord des larmes. Elle prend très à cœur nos conversations.

— D'accord, j'écoute, lui dis-je en dévissant le couvercle du pot tout neuf de gelée de pomme.

— Il m'arrive de jeter des tonnes de nourriture dans les toilettes. Comme hier. Je vais te raconter ce que j'ai jeté. Tu veux savoir ?

— Qu'attends-tu ?

— Bon, bon, d'accord. J'ai tiré six fois la chasse d'eau sur des têtes de radis, deux sacs en plastique — l'un était un sac de carottes, l'autre était un sac de radis, et un sac en papier dans lequel les carottes et les radis étaient arrivés du magasin. Et puis j'y ai aussi jeté les bouts du haut et du bas des carottes. Et puis j'ai déchiré l'assiette en papier où j'avais mis du sel mélangé Krazy pour y tremper mes carottes et mes radis, j'ai déchiré l'assiette, donc, et je l'ai jetée dedans. Je tire la chasse d'eau pour chaque morceau séparément — ça fait quinze coups. Et puis de vieux médicaments, aussi. Et puis quand je deviens angoissée, quand j'entends les publicités à la radio. « Voici le numéro que vous devez connaître bang bang bang bang. Connaissez-vous votre chiffre ? Faites prendre votre tension ! » A ce moment-là, je pense que je vais mourir, et je me dis, « Oh, mon Dieu, il vaudrait mieux que je jette un peu de pornographie ! ».

Alors je retourne au tiroir des Polaroïd. Hier, j'ai décidé de jeter les hommes nus. J'ai pris l'enveloppe qui disait, « Bittes jeunes » et je l'ai déchirée en plusieurs morceaux avant de la jeter aux toilettes, et puis j'ai jeté les garçons aux toilettes. Et puis quand j'avais des magazines de muscles pour faire des collages de bittes, on me donnait les magazines, et j'avais une peur bleue de me faire coincer avec ces magazines. Alors j'ai découpé toutes les bittes et je les ai mises dans une petite enveloppe marron, mais il fallait encore que je me débarrasse des magazines. J'étais bien trop angoissée pour les laisser au bout du couloir, alors j'ai été obligée de découper chaque magazine en tout petits carrés et de noyer les journaux de muscles dans les toilettes. Et puis j'ai plein de choses dont on dit qu'il ne faut surtout pas les y jeter. J'ai eu un problème, un jour, en essayant de jeter une housse aux toilettes. C'était quand j'avais recouvert la moquette d'une housse en plastique parce que j'avais quelqu'un pour me repeindre ma pièce, et quand il a eu fini et que j'ai nettoyé la pièce, que j'ai tout vidé — j'ai oublié la housse. Alors je l'ai découpée en quatre et j'ai commencé à l'immerger, mais elle s'est mise à glouglouter et à sortir des toilettes. Voilà l'Art dans les Toilettes et l'Art dans la Baignoire. Un de mes amis m'a dit que son psychiatre lui avait recommandé comme thérapie de peindre avec ses doigts quand il était sous la douche. Et j'ai vraiment vu de la peinture digitale dans son appartement — mais pas dans la douche. Parce que si tu peins avec les doigts sur le carrelage de la douche, ça part pendant que tu te laves, et tout est propre quand tu en sors. Alors j'ai décidé de peindre — quand j'ai cessé de faire tous ces trucs dits « artistiques » et que j'ai cessé d'acheter les pastels du Dr Martin, les teintures, les markers magiques et tous ces machins, parce que ça faisait tellement de fouillis — tu sais, il fallait toujours que j'aie un petit verre d'eau, un petit truc en plastique pour mettre mes pinceaux, et puis il fallait encore que je nettoie mes affaires de peinture avec autre chose, et c'était vraiment tout un travail que je faisais dans les toilettes — faire couler l'eau sur toute une boîte de peinture à l'eau pour que chaque couleur garde sa propre couleur, et puis essayer d'effacer avec du papier hygiénique qu'il fallait jeter dans les toilettes pour nettoyer la boîte. Alors j'ai décrété : « Plus de peinture. PLUS D'ART ! » Et puis j'ai dit : « Il faut que j'utilise toutes ces fournitures, toutes les couleurs à l'eau du Dr Martin, pour pouvoir les jeter. » J'aurais pu jeter les tubes pleins, mais je me suis dit : « Et merde, je ferai un film. Je vais les jeter dans la baignoire. » Alors j'ai pris du rose et j'ai simplement pressé le tube de rose au-dessus de la baignoire. Et puis j'ai pris un peu de bleu turquoise et je l'ai vidé à côté du rose avec une serviette blanche entre les deux, j'ai ajouté un peu d'eau, et j'ai eu ce magnifique motif, alors j'ai mis une lampe solaire en haut, là où s'accroche le rideau de douche, et c'était magnifique — alors je me suis mise à le filmer en super-8, et j'ai vidé la bouteille de teintures dans le sac en plastique de la poubelle, et j'ai tourné les robinets d'eau — j'ai eu une surface propre, il n'y avait aucune saleté nulle part, et j'avais quand même une vraie peinture entière. Je l'ai polaroïdé, et j'ai encore la photo. Et puis j'ai décidé que je pourrais très facilement faire du Roy Lichtenstein dans les toilettes. Je voulais me débarrasser de toutes ces petites balles rondes que j'ai depuis la période psychédélique des années 60, alors j'ai oublié un tiroir et en cherchant j'ai pensé à jeter tous les points de Childcraft — je les ai tous jetés dans la cuvette bien blanche et propre, et ils flottaient joliment parce que la cuvette était propre, j'avais d'abord mis du Comet, du Comet vert — et j'avais employé une balayette à w-c., alors c'était vraiment blanc — et j'ai pris une Polaroïd des points ; on aurait absolument dit un Lichtenstein. Et puis j'ai tiré la chasse d'eau et la peinture a disparu. Et puis j'ai eu des petits drapeaux américains — je ne sais pas, j'avais lu dans la rue qu'on vous arrête si vous mettez un drapeau américain sur une enveloppe, alors j'ai pensé que je pourrais faire un peu de Jasper Johns dans les toilettes. J'ai jeté tous mes drapeaux américains dans les toilettes et j'ai pris une Polaroïd Jasper Johns. J'ai également fait un Warhol aux w.-c. en utilisant les semelles Scholl de mes chaussures. Elles étaient vraiment ignobles et elles me collaient aux pieds, alors j'ai pensé que je ferais mieux de m'en débarrasser. Je les ai donc jetées aux toilettes, j'ai fait une photo Polaroïd, et on aurait dit une peinture de danse. Tiré la chasse d'eau. J'aurais eu du mal à faire un Rauschenberg, alors j'ai juste jeté une annonce de son exposition. J'ai tiré la chasse d'eau, mais elle n'est pas descendue, il a fallu que je la découpe. C'est la même chose avec la lessive. Dans un sens, regarder quelque chose disparaître en tournoyant dans les toilettes, c'est comme de regarder un cycle d'essorage dans une laverie. Ou un séchoir en train de sécher. On obtient d'incroyables motifs. Quand il y a quelque chose en cycle d'essorage, même si c'est imprimé — toutes les impressions de tulipes et tout — on dirait un Kenneth Noland dans le séchoir. C'est plein de lignes droites. Juste pendant le cycle d'essorage. Ou dans le séchoir quand ça va très vite. J'achète les Marlboro en emballage dur et par cartouches, et quand je les sors du carton, je retire l'étui en cellophane de chaque boîte, j'ouvre le rabat et j'ôte le petit papier d'argent, parce que je sais qu'il faudra le faire par la suite, alors je fais les dix d'un coup pour gagner du temps, je les jette dans les toilettes et je range les cigarettes dans le tiroir — et quand je prends un paquet de cigarettes, je n'ai plus besoin de faire tout cela. Il m'arrive de fumer uniquement pour faire un peu plus de place dans ma boîte à cigarettes. De toute façon, je photographie toujours ce que je jette dans les toilettes, et je me suis photographiée en train de pisser. Pour que l'effet soit meilleur, j'aime m'essuyer et puis jeter la cigarette que je fumais entre mes jambes — je me suis brûlée une fois, de cette manière. Et je jette les cigarettes dans les toilettes parce que j'essaie toujours d'arrêter de fumer.

Et j'y jette le couvertures de *Oui* pour que le directeur de l'hôtel ne sache pas que c'est une revue cochonne. Je jette ainsi les choses que je ne veux pas que les gens voient.

— Tu peux attendre une seconde, l'interrompis-je, me sembla-t-il, assez poliment — J'aurais pu poser doucement le récepteur et filer en douce —. Il faut que j'aille pisser.

— Je ne peux pas, A.

— Bon, d'accord, attends.

Je courus à la salle de bains, et revins en courant.

— Vas-y, dis-je.

— Je vais te dire autre chose, annonça B. Je n'aime pas aller au petit coin ailleurs qu'ici. Je préfère encore revenir jusqu'à chez moi et repartir ensuite. Mais quelquefois je suis bien obligée.

— Exactement comme moi, dis-je en me demandant si, à l'origine, c'était moi qui avais pris l'idée à B ou B qui me l'avait prise.

— Hier soir, j'ai traversé la rue pour aller au « delicatessen », et j'ai acheté un sandwich, une bière, un gâteau surgelé à l'orange, un Sara Lee, et une glace. Je suis rentrée, j'ai mangé le sandwich sans retirer mon manteau parce que je voulais aller jeter le papier qui enveloppait le sandwich et j'ai aussi bu la bière pour pouvoir jeter la bouteille. Et puis je me suis dit que je ne pouvais pas attendre que le gâteau dégèle. Je n'avais pas vraiment envie d'une glace à la pâte de pacane, j'aurais voulu une glace Haägen-Dazs au miel, mais ils n'en avaient pas. Bien entendu, je ne pouvais pas attendre que la glace coule ni que le gâteau dégèle, alors je les ai mâchouillés tous les deux. Je suis tellement nerveuse que je deviens folle quand je dois attendre l'ascenseur. Il me reste encore un quart du gâteau à l'orange et ma seule envie, c'est de jeter l'assiette, alors peut-être que je pourrais me remonter le moral un instant — en jetant le gâteau dans les toilettes au lieu de le manger, pour jeter l'assiette. Je peux te prouver immédiatement que nettoyer m'importe plus que manger. Je jette le gâteau aux toilettes et je mets l'emballage d'aluminium dans la corbeille. Maintenant il faut que je m'habille pour sortir la corbeille parce qu'il y a quelque chose dedans. L'aluminium argenté ne veut pas se laisser emporter dans les toilettes. Il flotte. Une fois je me suis inquiétée parce que j'avais des inondations. C'étaient des seringues que je cherchais à noyer, car je devenais anxieuse et je me disais, « Cette fois je vais me faire prendre », je m'énervais et je tirais la chasse d'eau. La partie en plastique passa, mais la partie « couture » resta au fond, tout près du trou d'écoulement. Rien à faire. Vous pouvez jeter toutes vos aiguilles de seringues dans la cuvette, elles ne partiront pas, elles resteront tranquillement au fond. Il a fallu que je les repêche. Il a donc fallu que j'enfile mes gants jaunes doublés, une fois de plus, et c'était très dur, avec des gants en caoutchouc, de ramasser des aiguilles. Alors j'ai mis — d'abord, j'ai remis encore du Comet et puis un peu de Sani-Flush, et j'ai tiré à nouveau. Je savais bien que l'aiguille ne descendrait pas davantage, et il a fallu que je la repêche et que je la mette dans une boîte de Marlboro, parce que je savais que les boîtes de Marlboro passent toujours. J'ai donc piqué l'aiguille dans le paquet, plusieurs fois, comme pour le coudre. Dans le carton. Puis je l'ai enveloppé, c'est descendu, et mes soucis ont disparu. Puis soudainement l'eau de la cuvette s'est mise à bouillonner. Et quand j'ai tiré la chasse d'eau une dernière fois, l'eau est montée à ras bord. Elle n'a pas vraiment débordé ; mais elle restait là. J'aurais pu plonger. Tu sais ? Je me suis dis, « Oh, je n'ai pas de plongeur, et je suis fauchée ». J'ai appelé l'homme à tout faire. Je lui ai dit, « John, je ne comprends pas, ma cuvette de w.-c. déborde ». Il est monté, et il m'a demandé, « Il y a eu quelque chose ? ». Et je savais bien que ce n'était pas la même chose que ce qui angoisse d'habitude les filles, comme un Tampax. J'étais effrayée à l'idée de la boîte de Marlboro parce que je savais que, si elle remontait, elle serait toute ramollie et l'équipement de « couture » serait bien en vue. Mais rien ne paraissait remonter, et il m'a demandé ce que j'avais mis là-dedans, et j'ai dit, « Rien, peut-être beaucoup de papier hygiénique et un morceau de savon, je crois ». Parce que c'est toujours là que je jette mon savon Yardley quand il devient trop petit. Je n'aime pas les petits savons. Bon, alors il plonge, et je pense à toutes les choses qui vont remonter. Je lui pose des questions pour savoir où va tout cela, parce que tout ce que j'ai jeté là-dedans depuis dix ans va probablement remonter maintenant. Je me demande vraiment où ça va. Je jetais déjà tout là quand j'étais enfant. J'y jetais tout ce que je ne voulais pas que ma mère voie. Ce n'est pas aussi long à faire que de brûler. Maintenant, on peut brûler une lettre avec des mots sales dans un cendrier. Mais Dieu sait combien ça prend d'allumettes juste pour cette toute petite opération, alors qu'on peut tout simplement la jeter aux toilettes. Enfin, bon. Une fois que j'ai nettoyé ma pièce, il faut encore que je nettoie mon corps. Je n'ai pas vraiment de routine bien établie — prendre un bain en me levant, ou prendre un bain de nuit, parce que je peux me lever quand je veux, nettoyer quand je veux, passer l'aspirateur, jeter des choses aux toilettes — je fais cela quand je suis d'humeur à le faire. Mon bain peut se prendre la nuit, l'après-midi ou le matin. Mais avant de le prendre, il faut que je sois certaine d'être bien équipée. D'avoir tout ce qu'il me faut. Avant, j'adorais les crèmes. J'allais dans des prisunics et je dépensais cent dollars en humidificateurs d'yeux, en crèmes pour le dessous de l'œil et toutes ces saloperies totales, et puis je me suis rendu compte que, quand j'en mettais sous mes yeux avant d'aller me coucher, je me réveillais avec les cils tout collés, avec plein de croûtes et tout, alors je me suis mise à simplifier, à éliminer certains produits — mais je continue quand même à acheter tout ce que je vois de nouveau : je ne peux pas me retenir. J'emploie ce truc qui s'appelle Time Spa, qui s'achète en grand pot pour un dollar quatre-vingt-quinze. Et puis je vais quand même acheter l'essence du même truc, qui est beaucoup plus chère et qui s'achète en petits sachets. D'abord, j'en mets dans la baignoire. J'en mets la moitié du pot — c'est un pot d'environ un litre. Je fais couler de l'eau tiède dans la baignoire. Et j'y entre quand elle est remplie au quart. Parce que quand j'y entre, tu comprends, ça monte bien plus haut. Et je ne veux pas gâcher le produit, tu comprends. J'y entre donc et je m'allonge au fond, avec mes jambes un peu en l'air, parce que en fait cette baignoire n'est pas bien à ma taille. J'avais envoyé un couvercle de cotons-tiges Q-tips pour recevoir un oreiller pneumatique — « Oreiller pour Baignoire en Prime ». J'avais cru qu'il serait jaune. Je l'ai gonflé et ventousé au fond de ma baignoire pour pouvoir m'allonger complètement et faire couler de l'eau chaude sur mon corps. La première chose que je lave, c'est mes épaules. Je ne me suis pas encore mouillé les cheveux, et je suis toujours allongée, et je me suis noué un vieux foulard défraîchi autour de la tête. Comme ça, je peux me détendre et me laver le cou. Parce que de toute façon je prendrai une douche après, pour rincer l'eau du bain. Alors je commence avec mon bras gauche, c'est la première chose que je frotte avec mon gant de toilette — où j'enfile la main entière — puis je me frotte la poitrine, puis je me frotte la jambe gauche et le pied gauche. Je déteste cette affaire de pieds, parce qu'il faut ou bien se pencher ou bien le lever ; ou bien je dois monter mon pied jusqu'à ma bouche, ou bien je dois m'asseoir dans la baignoire comme si j'étais devant ma machine à écrire et me pencher très loin en avant pour me laver les pieds. Je commence avec le gant. Puis j'utilise une brosse végétale. Et je me frotte le dessous du pied comme une forcenée. Puis je prends ma pierre ponce Weiss. Avant, j'employais les pierres ponce du Dr Scholl, mais il y a du soufre dedans et ça sentait atrocement mauvais — j'étais obligée de vider la baignoire une fois que je m'étais lavé les pieds parce qu'il y avait plein de petites miettes noires à cause du soufre. Et puis j'ai trouvé ce truc qui s'appelle Weiss. C'est allemand — on le laisse flotter une seconde dans l'eau, et ça le rend mou. D'abord, je me ponce les talons, et puis les côtés des pieds, et puis les doigts de pieds. Quand j'ai fait tout ça aux deux pieds, je suis totalement à bout de souffle et je suis obligée de m'allonger à nouveau. Et il va encore falloir que je refasse tout ce cirque d'extension et de gesticulation parce que le rasoir est au bout de la baignoire, près du robinet. A chaque fois que je prends un bain, je prends le rasoir, je me savonne un peu sous les bras, et je me rase sous les deux bras. Et puis je me penche en m'aplatissant encore plus jusqu'à ce que ma jambe touche plus ou moins le tuyau de douche et je commence à me raser les jambes. Je les savonne rapidement, avec un peu d'eau et de savon, et puis je rase les poils de mes jambes, et aussi ceux de mes deux gros orteils. Ensuite, je dévisse le rasoir et je le passe sous l'eau tiède, parce qu'un jour j'ai trouvé un rasoir où les poils étaient restés collés à la lame, et ça m'a donné la nausée. Je ne touche jamais mon visage dans le bain. Et puis je me lave le cul. Je suis donc allongée là. Et je fais ça avec le gant de toilette aussi. Et si j'ai un Tampax il faut que je me lève une fois de plus dans la baignoire et que je le retire. Parce que même si j'ai mes règles, je veux quand même retirer le Tampax et récurer tout ça. Enfin, je ne récure pas l'intérieur ni rien de ce genre, mais je récure solidement l'extérieur. Je me frotte aussi le derrière, mais rien d'anal. Je ne fais pas d'opération séparée dans ce coin-là. Je sais bien que ça se nettoie tout seul quand on s'assied dans l'eau. Et je remets toujours aussitôt le savon en place. Je déteste le savon quand on le sort du porte-savon et qu'il est tout gluant et mou. Ça me fait vomir. Et puis je reste encore allongée une dizaine de secondes avant de vider l'eau. Et puis je me dis, bah, puisque j'ai déjà le bout des cheveux un peu mouillé, je ferais aussi bien de les laver. Je déplace le tapis de bain jaune qui pend en haut de la douche parce que je ne veux pas le salir, sinon il faudrait que je le porte à nettoyer. Je me mets sous la douche et je m'humidifie les cheveux avec un peu d'eau tiède, et puis je les tords un peu avant de décider quel shampooing je vais employer. J'en fais mousser une bonne dose et je me masse la tête avec les doigts, fabuleux. Près des tempes. Et puis au sommet de la tête. Ensuite, je rince à l'eau tiède et je coupe l'eau chaude pour que ça devienne de plus en plus froid, de plus en plus froid, de plus en plus froid. Une fois que mes cheveux sont bien rincés, je prends une bonne giclée d'eau dans mes mains jointes et je m'asperge le cul pour être sûre qu'il ne reste pas de savon. Et puis j'éteins l'eau, je prends l'éponge verte — ma salle de bains est jaune et vert — et je l'essore. Je suis toujours obligée d'éponger le papier ConTact mural parce qu'il commence à s'effriter, j'éponge donc du plafond jusqu'en bas, et puis j'éponge la barre chromée — je la regarde alors, et ça me déprime parce qu'elle est un peu rouillée, et puis je fais les murs — juste pour les sécher. Ensuite je me penche hors de la douche parce que maintenant il y a une grande flaque là où l'eau a coulé. J'éponge, et j'essore l'éponge au-dessus de la baignoire. Puis je mets une descente de bain blanche par terre, je drape une serviette autour de ma tête, je me secoue un peu — j'aime bien faire des mouvements d'oiseaux avec les bras. Et puis j'enfile mon peignoir en tissu éponge doux et jaune. J'ai appris à le faire grâce au mari français d'une de mes amies. Et puis je prends une serviette toute neuve et je me la mets entre les jambes. Tu sais ? Je prends le séchoir à cheveux et j'éteins l'air conditionné.

Pour éviter de faire sauter les plombs. Puis je branche le séchoir et j'écarte les jambes, debout dans ma salle de bains, et je tiens le séchoir de manière à sécher mes poils pubiens. Mais je m'intéresse surtout à sécher l'intérieur de mes cuisses. Parce que si ça reste humide et que je mets ma culotte et que je vais et viens avec de l'humidité entre les cuisses, c'est insupportable. Ça fait vraiment mal. Quand c'est complètement sec, je prends simplement un peu de talc extra-doux et je l'étale doucement avec la main. Et puis j'ai un peigne qui ressemble à un peigne de sac à main. Je fais un peu gonfler mes poils. Mais je ne finis jamais, parce que je me dis, « Mon Dieu, pourquoi me donner tout ce mal pour les faire tellement gonfler qu'ils dépassent presque mon estomac, de profil ? ». Et tous les deux mois environ, quand je commence à les trouver un peu trop longs, je prends mon ciseau d'artiste et j'en émonde un demi-centimètre, pour que ce soit toujours net. Il m'est arrivé de trop tailler, une fois, et ça m'a terriblement démangée. Rien que de marcher dans la rue, c'était à devenir folle. A, tu es là ? Je ne t'ennuie pas ?

— Non.

— Non, je le sais bien — car c'est important. La propreté compte beaucoup, tu t'y intéresses, tu y crois, je le sais. Bon — alors je regarde mes cheveux et je commence à souhaiter qu'ils deviennent *tous* gris en un an. Je songe combien ce serait merveilleux d'avoir les cheveux prématurément gris. Et puis je me souviens : « Tu crois qu'ils seront prématurément gris, mais ça n'aura rien de prématuré... »

B était tellement engagée dans notre conversation que je crus pouvoir me permettre un voyage-éclair à la cuisine pour passer de la gelée de pomme à la marmelade d'oranges.

— ... un dimanche et les magasins ne sont pas ouverts. Brentano's, au Village, n'est pas encore ouvert, et je n'ai pas le courage d'aller traîner à côté, chez Azuma's, avec les paniers à linge en osier, pour attendre que Brentano's ouvre. Et je sais que c'est le type que je n'aime pas qui est de garde à la pharmacie Bigelow sur la Sixième Avenue. Alors ce que je fais, je mets l'élément chauffant dans ma tasse exprès et je le branche, et puis je prends un sachet de thé épicé et je le mets dans la tasse — et quand c'est refroidi, je me l'applique sur le visage. Ça me raffermit la peau en faisant disparaître les rides. Une fois que j'ai ôté le thé, je décide de me faire un masque, et j'ai un masque au café — c'est le dernier de Revlon —, un masque au musc et au café. C'est très curieux, de sentir un masque durcir en séchant sur mon visage. Je mets en marche le compte-minutes à œufs pour savoir quand retirer le masque, car j'adore entendre la petite sonnerie. Ou bien j'utilise le masque au musc et au café, ou bien le masque à l'œuf, ou bien le masque médicamenteux, ou encore le masque à l'ancienne mode. Le premier masque que j'aie employé, c'était une marque très célèbre que j'ai oubliée, bref, en tout cas, c'était un tas de boue. Et je faisais ça à la campagne, mais j'ai commencé à me dire que ce ne pouvait pas être bon pour la peau, de coller toute cette saloperie de boue par-dessus. Et je me suis également dit : « Je ne vais certainement pas me teindre au henné. Il ne me manque vraiment que ça, avec la taille que j'ai — des cheveux teints au henné ! » Et puis, oh, quelquefois, je branche mon vibromasseur. Une fois que j'ai fait ma mise en plis et tout, et que je m'occupe encore à divers détails. Toujours nue. Comme je ne me vois que jusqu'au sternum dans mes deux miroirs, j'ai l'impression qu'un massage des épaules me ferait du bien. Je prends donc le vibromasseur. Et je mets l'embout qui correspond, tu sais, pas le petit embout minuscule avec une ventouse, tu sais, qui sert...

Je revins sur la pointe des pieds et repris le récepteur avec infiniment de soin. En général, B m'entend quand je le fais, mais aujourd'hui c'était très spécial, elle parlait du sujet qui la passionne le plus — comment rester propre.

— ... et je me masse les épaules avec un peu d'huile de tortue. Bon, quelquefois j'emploie Ben-Gay. Ou bien, attends, ne quitte pas, je vais te dire comment ça s'appelle...

Je pouvais à peine y croire, B s'enfuyait et me laissait sans rien à écouter. C'est le problème, elle est tellement plongée dans son sujet, quel qu'il soit, qu'elle oublie parfois qu'il faut être deux, pour...

— Voilà, ça s'appelle Exercaïne, Vaporisation Analgésique et Anesthésique Externe, et j'ADORE ça ! Je m'en vaporise sur les épaules, et puis je masse vigoureusement. Ensuite, il faut que je nettoie le vibromasseur et tout parce que je ne veux pas que l'odeur d'Exercaïne reste dans le sac où je range le vibromasseur. La seule crème que je garde dans le même sac que le vibromasseur, c'est le bon vieux lait de toilette d'Elizabeth Arden. Curieusement, c'est le meilleur. Maintenant, si j'ai fait ma mise en plis avec un fixateur, ça commence déjà à vaciller et à s'écrouler au milieu. Il faut que je contourne en vitesse mon bureau et que je redresse le tout dans ce que j'appelle mon « Debbie ». Mon « Debbie » ressemble tout à fait à un toupet de terrier du Yorkshire. Avant, je mettais des élastiques pour empêcher mes cheveux de me retomber dans les yeux. Et me voilà toute propre, avec un peu de rose aux joues et tout, et je me suis massé les épaules avec le vibromasseur, j'ai remis le vibromasseur dans son sac. C'est une petite trousse de maquillage qui vient d'Europe. A rayures. Des rayures roses et vertes. Le vibromasseur est rangé dans son petit sac. Mais la vue de ce sac — je ne peux pas en détacher mes yeux. Je me dis : « Oh, pourquoi pas ? », et je descends les stores. Si je n'ai pas deux piles C alcalines sous la main, j'appelle le garçon d'étage et je lui demande : « Vous voulez bien descendre au magasin de photos, juste en face, et me rapporter deux piles C alcalines ? »

Puis, pendant qu'il attend que je le paye, j'essaie les piles avec mon appareil professionnel à tester les piles. Puis je le paie, plus le pourboire, il s'en va, et je suis prête...

Je commençais à somnoler. B racontait comment, depuis 1968, elle a toujours enregistré sur son magnétophone tous ses ébats amoureux, et comment elle se sert maintenant de ces enregistrements quand elle en a besoin. Elle ne s'arrêtait plus — me décrivait comment elle satisfaisait à ses besoins les plus intimes, mais je ne l'entendais qu'entre deux petits sommes.

— ... séances plus ou moins brèves... pousse-café l'après-midi ?... crème Arden... quatre Kleenex... jouir en même temps que la bande... bouton de contrôle à distance... essayer de garder le silence... décidé que je n'avais nulle part où aller... un bain après... *machine du massage* à Paris... changé le courant de deux cent vingt en cent dix... lu des histoires avec la main gauche... oublié de mettre la pancarte « Ne pas déranger »... tendu avec un cintre en fil de fer... dans un élément du radiateur... au risque d'être électrocutée... si ma mère me trouvait comme ça... un traumatisme pour le restant de ses jours... Bleu Tiffany... trop prude pour acheter le grand modèle, et maintenant je le regrette bien...

On sonna à la porte, et je bondis pour aller répondre. En retournant au téléphone, je trouvai B dans un état de panique totale.

— A ?... A ?... A ! Tu me terrorises quand tu me laisses comme ça ! A ? A ? A ?

— Allô ? Il fallait que j'aille ouvrir.

— Comment peux-tu faire une chose pareille ? A, tu sais combien nos conversations téléphoniques comptent, pour moi. Le contact visuel est le pire contact qu'on puisse avoir quelqu'un — *ça* ne m'intéresse vraiment pas. Le contact auditif est tellement meilleur. Ce matin, de te parler de tout ça, ça me rappelle le bon vieux temps. Je ne vois vraiment rien, quand je regarde les gens. J'entends des choses en eux. Mais quand tu t'éloignes du téléphone, je perds les pédales. Quand tu vas dans un autre coin de la maison avec le garçon de courses ou le plombier, je deviens folle.

B s'interrompit. J'imagine qu'elle devait vraiment être affolée, car c'était son premier silence depuis une heure.

— Je me demande si le pigeon qui est sur le rebord de ma fenêtre sait ce que je fais, articula-t-elle lorsqu'elle eut repris son souffle.

— Probablement.

— Je n'ai plus de crème.

— Ce n'est pas grave, B. Il faut que je m'en aille.

15
Puissance du sous-vêtement

Acheter est bien plus américain que penser, et je suis aussi américain que les autres. En Europe, et les Orientaux aussi, ils aiment le commerce — acheter et vendre, vendre et acheter — fondamentalement, ce sont des commerçants. Les Américains ne s'intéressent pas tellement à vendre — en fait, ils aiment mieux jeter que vendre. Ce qu'ils aiment vraiment, c'est acheter — des gens, de l'argent, des pays.

Samedi est le grand jour des achats — du « shopping » — en Amérique, et je l'attends avec autant d'impatience que n'importe qui d'autre.

Ce que j'aime le plus acheter, ce sont des sous-vêtements. A mon avis, acheter des sous-vêtements est ce qu'on peut faire de plus intime, et si l'on pouvait observer quelqu'un en train d'acheter des sous-vêtements, on apprendrait à le connaître vraiment bien. Je veux dire que j'aimerais mieux regarder quelqu'un acheter des sous-vêtements que lire le livre qu'il a écrit. Je trouve que les gens les plus bizarres sont ceux qui envoient quelqu'un d'autre leur acheter leurs sous-vêtements. Les gens qui *n'achètent pas* de sous-vêtements m'intriguent également. Je peux comprendre qu'on n'en porte pas, mais qu'on n'en *achète* pas ?

Un samedi matin, j'appelai un B qui me connaît bien, et lui demandai s'il voudrait venir avec moi faire du shopping de sous-vêtements chez Macy's.

— Macy's ? maugréa-t-il.

J'imagine que j'avais dû le réveiller, mais pensez donc à tout ce précieux temps de shopping qu'il perdait.

— Pourquoi Macy's ?

— Parce que c'est là que j'achète mes sous-vêtements, lui dis-je. Avant, j'allais chez Woolworth's, mais maintenant j'ai les moyens d'aller chez Macy's.

De temps en temps, je m'arrête chez Brooks Brothers pour regarder leurs adorables caleçons vieillots, mais je ne peux pas me résoudre à abandonner Jockey.

— J'achèterais volontiers quelques sous-vêtements, dit B, mais je ne les achète qu'à Bloomingdale's. Ils ont du pur coton. Coton Pima.

Ce B-là est ainsi fait. Il trouve quelque chose qu'il aime, par exemple le coton Pima, et il se comporte comme s'il l'avait inventé. Il s'y attache totalement. Il ne veut rien acheter d'autre. Il a un goût extrêmement défini, et je trouve cela nuisible, car son pouvoir d'achat s'en trouve limité.

— Non, allons chez Macy's.

— J'aime bien Sak's, murmura-t-il.

— Macy's, insistai-je. Je passe te prendre dans une heure.

Il me faut à peu près une heure pour me recoller d'aplomb, mais quand je fixe un rendez-vous j'oublie toujours les interruptions téléphoniques et je finis toujours par arriver un peu en retard, et mal recollé. B m'attendait en bas de chez lui.

— Tu as quinze minutes de retard, dit B en grimpant dans le taxi.

— Herald Square, informai-je le chauffeur.

— Un samedi — ça va être l'enfer, dit B.

— J'étais au téléphone. Paul Morrissey m'a appelé. Ingrid Superstar m'a appelé. Jackie Curtis m'a appelé. Franco Rossellini m'a appelé. Oh, regarde — qui est-ce ? Est-ce quelqu'un que nous connaissons ?

Une vieille dame d'un mètre trente traversait Park

Avenue au niveau de la 65e Rue. Elle avait des cheveux roux frisottés et portait des gants noirs, un chandail rose, une robe noire, des chaussures rouges et un sac rouge. Elle était bossue. Je ne sais pas pourquoi, mais elle semblait être quelqu'un que nous connaîtrions. Mais comme B ne la reconnaissait pas, je n'ai pas pris la peine de baisser la vitre pour lui faire signe.

Je demandai une fois pour toutes à B s'il allait s'acheter des sous-vêtements, et il répondit non, pas chez Macy's, parce qu'il n'aimait que le coton Pima de chez Bloomingdale's ou la marque de Sak's sur la Cinquième Avenue. Ce B est vraiment têtu.

— Penses-tu que Howard Hughes porte des sous-vêtements ? demandai-je à B. Penses-tu qu'il les lave, ou qu'il les jette après les avoir portés une fois ?

Il jette sans doute des costumes neufs. Ce que j'aurais vraiment aimé, c'est d'avoir inventé les sous-vêtements en papier, bien que l'idée n'ait jamais pris quand on l'a lancée. Je persiste à penser que c'est une bonne idée, et je ne comprends pas pourquoi les gens résistent alors qu'ils ont accepté les serviettes en papier et les assiettes en papier et les rideaux en papier et les serviettes de toilette en papier — il serait plus logique de ne pas laver les sous-vêtements que de ne pas laver les serviettes de toilette.

B déclara qu'il envisagerait peut-être d'acheter deux ou trois paires de chaussettes parce que « les chaussettes disparaissent ». Il ne lave pas les siennes, bien sûr, il les envoie chez un teinturier français très bien dans l'East Side, mais elles lui reviennent quand même avec une en moins. C'est une loi — la disparition des chaussettes.

La raison pour laquelle je déteste les sous-vêtements habituels — et les chaussettes aussi — c'est que si l'on envoie vingt caleçons et vingt paires de chaussettes à la laverie, il n'en revient jamais que dix-neuf. Même quand je les lave moi-même, il ne m'en revient que dix-neuf. Plus j'y pense, et moins je peux y croire — car c'est incroyable. JE LAVE LES MIENNES MOI-MÊME ET IL NE M'EN REVIENT QUAND MÊME QUE DIX-NEUF !

Je les lave moi-même, je les mets moi-même dans la machine, je les en sors moi-même, je les mets au séchoir moi-même, je tâte tout l'intérieur du séchoir, tous les trous et toutes les arêtes à la recherche de la chaussette disparue, et je ne la retrouve jamais ! Je monte et descends l'escalier pour voir si elle est tombée, mais je ne la retrouve jamais ! C'est comme une loi physique...

Je déclarai à B qu'il me fallait aussi des chaussettes, et au moins trente caleçons Jockey. Il me suggéra de changer pour les caleçons courts à l'italienne, avec le fourchet en T qui vous remonte. Je lui expliquai que j'avais essayé une fois, à Rome, le jour où je traversais un film de Liz Taylor — et cela ne m'avait pas plu parce que je m'étais senti trop conscient de moi-même. J'avais éprouvé ce que doivent éprouver les filles qui portent un soutien-gorge surélevé.

Soudain, B déclara :

— Voilà ta première Superstar.

— Qui ? Ingrid ?

— L'Empire State Building.

Nous venions de tourner dans la 34ᵉ Rue. Sa plaisanterie le fit rire, tandis que je recherchais dans ma botte des orphelins verts pour payer le taxi.

A Herald Square, des gens du monde entier s'engloutissaient chez Macy's. En tout cas, ils avaient l'air de venir du monde entier. Mais ils étaient tous américains, et ils avaient beau être de toutes les couleurs possibles, ils avaient tous l'envie d'acheter dans le sang, dans la tête et dans les yeux. Les gens ont l'air très déterminés, quand ils entrent dans un grand magasin. Naturellement, B haussa son nez retroussé d'un air supérieur et se dirigea tout droit vers le rayon hommes.

J'étais contrarié. Je ne vais pas si souvent chez Macy's je voulais prendre mon temps et fouiner partout.

— Ne me fais pas cavaler, B. Je voulais regarder les étiquettes des sacs en plastique pour voir s'ils avaient beaucoup augmenté depuis la dernière fois. J'entends toutes ces histoires d' « inflation », et je voulais voir de mes propres yeux si c'était vrai.

— Quelle populace, pleurnicha B.

La foule était dense, surtout pour un samedi d'été.

— Est-ce que tous ces gens ne devraient pas être partis ? m'étonnai-je.

— Ce genre de gens ne part jamais, déclara B d'un ton que je trouvai maussade.

Je m'arrêtai pour regarder une Japonaise en kimono maquiller une Américaine en tenue d'équitation. Elles étaient les vedettes de « Shiseido Offre Gratuitement un Maquillage d'Art Exotique ». Puis nous traversâmes la grande promotion Charlie, les Cravates Famous Maker, le rayon confiserie — ce qui exigea un grand effort de volonté de ma part. Je passai devant les Mix-Max Framboise-Cerise, les Réglisses All-Kinds, les Jelly Beans, les Bonbons Rock, les Chocolats Pretzel, les Munch TV, les Petits Fours, les Cerises Mon, les Sucettes, les Nonpareils, et même les Whitman Sampler. L'odeur du chocolat me rendait dingue, mais je ne prononçai pas un mot. Je ne soupirai ni ne gémis. Je me contentai de penser à mon acné et à ma vessie malade sans ralentir le pas.

— Où est le rayon hommes, B ? demandai-je finalement. Nous arrivions aux Cigares.

— C'est le Plus Grand Magasin du Monde, m'annonça B comme si je l'ignorais. Il faut que nous marchions toute la distance de la Sixième à la Septième Avenue. Mais nous approchons — voici les Lunettes solaires pour Hommes.

Les Lunettes solaires pour Hommes menaient aux Foulards pour Hommes qui menaient aux Pyjamas pour Hommes et là — là ! — les Sous-Vêtements pour Hommes. Je trouvai rapidement la marque que j'achète d'habitude, les Caleçons Classiques Jockey. Il y en avait trois pour cinq dollars, ce qui ne paraissait pas excessif comme inflation. Je lus l'étiquette collée sur le sachet en plastique dans lequel ils sont présentés, pour m'assurer qu'ils n'avaient changé aucune de leurs célèbres « Caractéristiques de Confort » — « Coupe Exclusive pour Convenir au Besoin de Soutien d'un Homme ; Cintrage Spécial pour Confort Accru sans bâillement ; Ceinture Elastique de Soutien Extra-Douce Résistante à la Chaleur ; " V " Renforcé Longue Durée ; Ouverture de Jambe Non Irritante ; Elastique Extra-Doux aux Cuisses ; Coton Peigné Longues Fibres Cent pour Cent Absorbant. » Jusque-là, parfait, me dis-je. Je vérifiai les « Instructions de Lavage » — « Lavage & Séchage Machine ». Tout allait bien, rien n'avait changé. Je déteste, quand on trouve un produit qu'on aime et qui correspond à un besoin précis, qu'il change. Qu'il soit « amélioré ». Je déteste tout ce qui est « nouveau, amélioré ». Je trouve qu'ils feraient mieux de fabriquer un produit complètement nouveau et de laisser l'ancien tranquille. On aurait ainsi le choix entre deux produits, au lieu d'un demi-vieux. Au moins, les Caleçons Classiques Jockey restaient classiques, mais avant de me lancer dans le processus d'achat, je décidai de demander à la vendeuse ce qui existait d'autre sur le marché du sous-vêtement. C'était une vendeuse agréablement rondouillette dans sa robe chemisier bleu marine tirée à quatre épingles, avec un foulard rouge et blanc noué autour de son double menton. Elle avait un gentil sourire et des lunettes dont la monture était parsemée de pierres du Rhin. Elle semblait exactement le genre de vendeuse avec qui on est à l'aise pour parler de sous-vêtements.

— Avez-vous des BVD ? m'enquis-je.

Elle remonta ses lunettes jusqu'en haut de l'arête de son nez, et répondit :

— Non, nous ne faisons pas BVD.

— Est-ce que Macy's a sa propre marque, comme Sak's ? commença B.

Qui voulait-il impressionner ? La vendeuse ?

— Certainement. Nous avons ici Suprématie de Macy's.
Elle souleva un paquet pour me le montrer.

— Deux pour cinq dollars.

— Deux pour cinq dollars ! Ceux-ci sont *trois* pour cinq dollars ! m'exclamai-je — J'avais des Jockey à la main.

— Eh bien, la ligne des Suprématie est meilleure. Ils suivent mieux le corps. Nous avons également les Kenton de Macy's. Il y en a trois pour quatre dollars cinquante.

Elle me tendit un paquet de Kenton.

— Ils sont également pur coton, observai-je.

— Il existe différentes *qualités* de coton, vous savez, dit-elle.

J'étais perdu. J'observai de plus près le paquet Suprématie.

— Qu'est-ce que cela ? « Découpe Latérale Suisse » ? Est-ce mieux ?

— Cela, oui, dit la vendeuse, et aussi la qualité du coton.

— Mais *qu'est-ce* que la Découpe Latérale Suisse ?

— Comment le saurais-je ? C'est une meilleure coupe, dit-elle d'un ton menaçant. Quelle marque achetez-vous d'habitude ? BVD ?

— Jockey.

— Jockey ! (Il y avait maintenant une note de triomphe dans sa voix.) Suprématie est coupé plus long que Jockey. C'est un caleçon court plus long. Mais si vous aimez la coupe Jockey, je vous conseille de ne pas changer.

— Combien devrais-je en prendre ? marmonnai-je à B. (Il était inutile de demander à la vendeuse de me montrer autre chose. Elle m'avait convaincu en se convainquant.) Il m'en faut environ vingt-huit.

— Tu ne peux pas en acheter vingt-huit si on les vend par paquets de trois, m'expliqua B. Tu peux en prendre vingt-sept ou trente, mais pas vingt-huit.

— Bon, alors je vais en prendre quinze.

— En espèces ou en compte ? demanda la vendeuse.

— En espèces, dis-je. Je n'aime pas acheter en compte.

On a mieux l'impression d'acheter si on paie en vrai argent. La vendeuse alla appuyer sur une sonnette. Une seconde vendeuse qui lui ressemblait énormément s'approcha de nous et nous demanda :

— Vous êtes ensemble ?

— Nous sommes ensemble ? demandai-je à B.

— Oui, répondit B légèrement agacé.

La seconde vendeuse s'éloigna.

— Regarde ces caleçons en Nylon Pur-sang de Jockey, dit B en me montrant le rayon adjacent.

— Ils sont mieux ?

— Tu peux t'en servir comme costume de bains, dit B.

La vendeuse revint avec ma monnaie. « Nous en avons un ici, dit-elle, que vous êtes censé pouvoir utiliser comme maillot de bains. Je vais vous le montrer. »

Nous la suivîmes le long d'un étroit passage bordé d'une quantité inimaginable — en ce qui me concerne — de sous-vêtements.

— Voici, dit-elle en tendant à B un emballage de slip-bikini d'apparence très Pucci.

— Est-ce un Jockey ? demandai-je.

— Vie de Jockey.

— Existe-t-il d'autres coloris ?

— Il existe un imprimé qui s'appelle « Ballons », dit-elle en me tendant un emballage de bikini Vie de Jockey bleu et vert.

— Existent-ils en blanc ?

— Non, ils n'existent pas en blanc, mais nous avons ceux-ci, de Jockey également — Peau de Jockey. Ceux-ci existent en blanc, mais ils ne sont pas aussi courts.

J'examinai le paquet, essayant de m'imaginer en Peau de Jockey à la place de mes habituels Caleçons Classiques Jockey. Mais je n'y parvenais pas, et je lui rendis donc le paquet en la remerciant de son aide.

Tandis que nous traversions les arrières du rayon Sous-Vêtements Hommes, je fus soudain frappé en observant que B et moi étions les deux seuls hommes de tout le rayon. Et ce n'était pas vide. Il y avait des femmes partout. Je me demandai d'abord si les femmes achetaient maintenant des sous-vêtements d'hommes comme elles achètent des jeans d'hommes et des chandails d'hommes, mais je vis ensuite que c'étaient toutes des femmes d'âge mûr et d'allure très mariée et respectable qui faisaient des achats pour leurs maris. J'imagine que le mariage se réduit à ça : votre femme vous achète vos sous-vêtements.

B s'était éloigné vers le quartier des sous-vêtements exotiques — le rayon des cache-sexe en filet — et prenait son pied en lisant les étiquettes.

— Regarde celle-ci, dit-il, il y a écrit : « Braguette horizontale pour accès facile. »

— C'est curieux, dis-je, pourquoi y a-t-il une poche sur la bourse ?

— C'est la braguette horizontale pour accès facile, gloussa B. En voici un qui dit : « Exclusif pour commodité pratique. »

— Allons, viens, il faut que j'achète des chaussettes.

Le rayon des Chaussettes pour Hommes était également envahi par les femmes. Peut-être est-ce justement ce qui ne va pas, en Amérique. Les hommes n'achètent pas.

— Où sont les SuppHose ? demandai-je à B.

— Tu portes des SuppHose ? s'étonna B, tu as de l'arthrite ?

— Je n'ai pas d'arthrite, mais je veux y être préparé quand ça m'arrivera. J'aime aussi SuppHose parce que c'est très serré, et qu'il reste ainsi plus d'espace entre ma jambe et ma botte pour mon argent. Je trouvai le rayon SuppHose et lus l'étiquette sur l'une des boîtes — « Nouveau Non-Statique Anti-Statique Pur-Nylon ». Je fus un peu troublé par le « Nouveau ». Je priai B d'appeler un vendeur. Il en trouva un juste au coin, qui remettait de l'ordre dans le rayon Chaussettes de Camping, et me l'amena. Le vendeur était très grand, avec des cheveux très courts, et il portait un costume trois-pièces en dacron-polyester vert olive, une cravate Rooster vert vif, une chemise jaune qui se lave et ne se repasse pas — mais plus portée que lavée — et des Hush Puppies. Son eau de Cologne ressemblait à Hai Karaté, mais ce pouvait être Jade d'Orient. Il ébaucha un sourire.

— Pourquoi y a-t-il écrit « Nouveau » sur ce paquet ? lui demandai-je.

— Celles-ci sont en deux tons, c'est une nouveauté de SuppHose.

Son sourire s'efforçait de rester en place.

— Non, déclarai-je, je les veux en uni.

— Très bien, monsieur. En uni nous avons le choix entre quatre couleurs — noir, marron, bleu marine, et gris moyen.

— Puis-je voir le bleu marine, s'il vous plaît ?

— Voici le bleu marine. Il paraît sombre, mais la lumière n'est pas la même ici que dehors.

— Je ferais peut-être mieux de m'en tenir au noir. Combien de paires en avez-vous ici ? (Je fourgonnai dans le casier à la recherche des chaussettes noires éparses, en petite taille.)

— Nous en avons huit paires ici, monsieur, mais je peux vous en procurer autant que vous le désirez.

— Huit suffiront. (Je ne voulais pas qu'il s'offre une pause-cigarette sur mon temps dans la réserve.) Veuillez les sortir des boîtes, s'il vous plaît. C'est encombrant à transporter.

Sa tentative de sourire disparut.

— Elles sont sur des cartons, monsieur.

— Très bien. Sortez-les simplement des boîtes. Ce n'est pas la peine d'ôter les cartons.

— Le seule chose que je dois vous dire, monsieur, c'est que si jamais vous souhaitez les rendre, vous ne pourrez pas si elles ne sont plus dans les boîtes.

— Non, je ne les rendrai pas. Je ne rends jamais rien. C'est pire que de ne pas acheter.

Le vendeur commença à les sortir des boîtes. Lorsqu'il en fut à la septième paire, je lui demandai :

— Y a-t-il une autre marque ?

— Il y a une autre marque que nous faisons également, monsieur — Mandat. Elles ne sont pas aussi efficaces. Mais elles sont moins chères.

— Non, dis-je.

Juste à ce moment, B revint après avoir acheté un lot de chaussettes de diverses couleurs sombres et respectables — bleu marine, marron, vert forêt, charbon-de-bois, noir.

— Pourquoi achètes-tu des chaussettes de différentes couleurs, B ?

— Parce qu'elles sont plus faciles à réassortir une fois lavées.

— Mais si tu les prenais toutes de la même couleur, tu pourrais mettre n'importe laquelle avec n'importe quelle autre.

Nous payâmes nos chaussettes et continuâmes notre promenade chez Macy's. C'était vraiment bondé et bruyant, pas du tout le genre musée comme Bloomingdale's. Je suggérai un déjeuner rapide quelque part dans le magasin.

— Déjeuner dans un grand magasin ?

B était absolument horrifié, comme si je lui avais proposé une descente aux égouts. C'est vraiment un môme gâté, un produit de l'abondance d'après-guerre.

— D'accord, B, allons déjeuner dans un hôtel bien.

B sourit ; il était aussi heureux qu'il lui était possible de l'être.

— Mais allons d'abord chez Gimbel's. Ils auront peut-être des vieux bijoux. Ils achètent de l'immobilier.

Dehors, je fus frappé de voir que New York n'est pas Paris. La 34e Rue grouillait d'agresseurs potentiels, de violeurs potentiels, de dégénérés potentiels, d'assassins potentiels. Il y avait très peu de victimes potentielles en vue.

— Coupons par Woolworth's jusqu'à la 33e Rue et chez Gimbel's, dis-je.

J'achetais autrefois mes sous-vêtements chez Woolworth's, et j'y reste sentimentalement attaché. La première chose qu'on remarque en entrant chez Woolworth's, c'est l'odeur de poulet frit. Ça sent si bon que j'ai failli en acheter, bien que je n'aime pas le poulet frit. Dans les magasins de haute volée, ils vendent grâce à l'étalage, dans les magasins de bas étage, ils vendent grâce à l'odeur. Bien entendu, B avait froncé le nez et traversait au pas de course.

— Pourquoi cours-tu ainsi, B ?

— Ce bourdonnement me rend fou.

— Quel bourdonnement ?

J'écoutai, et il y avait bel et bien un bourdonnement, sans doute un système défectueux d'air conditionné, mais pour moi c'était complètement effacé par l'odeur de cacahuètes grillées.

— Est-ce que tu n'es pas content d'être né riche, B ?

B n'est pas du genre bazar, et il a bien de la chance de n'être pas né dans une famille bazar.

Nous étions presque arrivés à la sortie de Woolworth's sur la 33e Rue, là où ils ont ces cartes postales 3-D du Centre Commercial Mondial et les cartes de vœux en langue espagnole. Nous sortîmes, traversâmes la rue, et entrâmes chez Gimbel's. C'était aussi bondé et bruyant que Macy's. B. maugréa :

— Est-ce qu'on ne pourrait pas plutôt chercher des bijoux anciens chez Cartier ?

— Cartier ! (Je commençais à être vraiment en colère contre B.) Ecoute, B, je crois que nous devrions faire cela tous les jours, tu en tirerais le plus grand profit, si tu sortais de ton trou et que tu regardais ce qu'est la vraie vie — elle ne commence pas chez Sak's pour s'achever chez Bloomingdale's. Ce n'est pas une boutique YSL. Tu devrais peut-être passer plus de temps à acheter des sous-vêtements et des chaussettes et à aller au bazar.

B fit une grimace.

— Voilà ce qu'est la vraie vie, B !

Je me détournai de lui avec dégoût et remarquai deux petites filles, qui devaient avoir dix et douze ans, et qui fouillaient dans un tiroir de tee-shirts.

— Ces gamines sont en train de voler ! hurlai-je.

— C'est tout ce que tu sais du vrai monde, dit B. Est-ce que tu n'as jamais ouvert de tiroirs, quand tu étais enfant, pour voir s'il y avait autre chose que sur le dessus des comptoirs ?

— Non.

— J'ouvrais toujours les tiroirs, et je trouvais différentes couleurs, différentes tailles, différents styles. De toute façon, qu'y a-t-il de mal à piquer ? Est-ce que tu n'as jamais rien piqué ?

— Non.

Je n'allais pas me laisser agacer par B. Je venais de découvrir la boutique In and Out — la version Gimbel's d'une « boutique d'artisanat ». Je me proposais de tout acheter — tous les bouts de faux vitrail, tous les bracelets mexicains en argent, tous les posters du Kama-sutra, tous les miroirs avec des marguerites en décalcomanie, toutes les plumes de paon. C'est sans doute ce que collectionneront les gens des années 80. L'art à gogo. Le style Plastique-Psychédélique des années 60. Il ne restera plus rien des années 20, 30, 40 ou 50.

B se précipitait vers le rayon de fournitures scolaires.

— Est-ce que tu avais une gamelle de cantine neuve, un cartable neuf, des crayons neufs et un classeur neuf pour chaque rentrée de septembre ? C'était le moment de l'année que je préférais. C'était tellement excitant, de partager le classeur en différentes parties, avec des couleurs différentes pour chaque sujet. Je n'arrivais jamais à décider quel genre de papier je préférais pour couvrir mes livres, les beaux papiers Ivy League glacés de la papeterie, ou le papier marron d'emballage qu'on avait à la maison. Tu couvrais tes livres, toi, A ?

— Pour quoi faire ?

— Pour l'école.

— Non.

Je demandai à une vendeuse qui passait où était le rayon des bijoux d'occasion, et elle m'indiqua que c'était juste après les cosmétiques. Nous continuâmes notre chemin. « Shiseido Offre Gratuitement un Maquillage d'Art Exotique » se jouait également chez Gimbel's.

Au rayon bijouterie du rez-de-chaussée, une pancarte annonçait « Soldes de fin de saison sur l'or — 20 à 50 % de rabais ». Je me suis demandé quelle était la saison de l'Or. L'unique vendeur aidait un client à essayer une bague.

— Comment trouvez-vous celle-ci ? demanda-t-il.

— Serrée, dit le client.

Bien que je déteste interrompre un achat, je demandai :

— Où sont les bijoux d'occasion ?

— Les bijoux d'occasion doivent être au cinquième étage.

Je me dirigeai avec B vers l'escalator. En montant, je remarquai Robert Redford qui descendait. « Regarde, B, c'est Robert Redford. » Peut-être que ce n'était pas Robert Redford. Mais il portait un complet blanc, il avait les cheveux blond sable et arborait un grand sourire.

— Ma sœur a vu Robert Redford sur Madison Avenue, l'autre jour, dit B.

— Je l'ai également vu l'autre jour. Il doit être à New York en ce moment.

— Ma sœur l'a suivi sur tout Madison Avenue.

— Je l'ai suivi en taxi.

— Il habite sur la Cinquième Avenue.

— Je l'ai suivi sur Park Avenue de la 64e à la 65e Rue. Il marchait trop lentement pour que mon taxi puisse le suivre alors je l'ai perdu.

— Ma sœur m'a dit que personne ne le reconnaissait.

— Je sais. J'étais le seul à le suivre, sur Park Avenue...

Nous arrivions au troisième étage, et il y avait un costume de voyant toquard sur un mannequin qui ressemblait à Robert Redford.

— Je sors toujours des grands magasins, disait B tandis que nous approchions du quatrième, avec l'impression d'avoir reçu un coup sur la tête. Je n'aime que les petites boutiques. Les grands magasins vous épuisent vraiment trop.

— Mais dans les grands magasins, il y a des occasions formidables.

— Si on a la patience de regarder. Mais pense à ce que ça te coûte en temps.

Au cinquième étage, le rayon de bijoux d'occasion était juste à côté de l'escalator. Il y avait deux comptoirs, étincelants de diamants, de rubis, d'émeraude, d'or, d'argent. Sur le premier comptoir, tout avait l'air neuf. Je demandai au vendeur s'il avait des bijoux des années 40. Il répondit non.

— Avez-vous un comptoir ancien ? insistai-je.

— Nous n'avons rien, là non plus, dit-il.

Je m'approchai du vendeur derrière le second comptoir. Il me vit arriver, baissa les yeux et fit semblant d'écrire dans son carnet de commandes.

— Excusez-moi. (Il ne leva pas les yeux.) Je cherche des bijoux d'occasion. En avez-vous ? (Il ne levait toujours pas les yeux.) J'ai lu votre annonce. (Il leva enfin les yeux et dit « Non ».)

— Eh bien, vous avez une vente de biens, d'après l'annonce.

Je n'avais jamais eu à me donner tant de mal pour acheter.

— Ce que nous avons est tout mélangé, dit-il. Nous ne gardons pas tout dans une seule vitrine.

Il agita le bras à travers le comptoir. Je baissai les yeux et regardai sous la vitre du comptoir. Un étui à cigarettes tricolore très simple, en or, m'attira l'œil.

— Combien cela coûte-t-il ? demandai-je. Est-ce en vente ?

— Non.
— Pourquoi ?
— Ce n'était pas dans l'annonce.
— Bon, eh bien, qu'y a-t-il d'autre ? Je cherche quelque chose avec une grosse pierre. Une grosse, grosse pierre.
— Il y a quelques bagues par ici. Vous en trouverez peut-être une qui vous plaira.
Je regardai.
— Souviens-toi, dit B, comme cette améthyste que nous avons vue à Paris était grosse. Violette. Elle provenait de Sibérie, pas d'Amérique du Sud. Elle appartenait à la Famille Impériale.
Pendant que B parlait, les bijoux Gimbel's semblaient rapetisser.
Il y avait une broche en or et diamant dans le style des années 40 qui me plaisait, car elle me rappelait le bon vieux temps.
— Puis-je voir celle-ci ?
— Celle-ci ? dit le vendeur en la prenant comme si ç'eût été une araignée noire et velue.
— Est-elle signée ?
— Non.
— Est-ce un bon diamant ?
— Si c'est un bon diamant ?
L'araignée velue devenait soudain papillon.
— Oui, monsieur. C'est un très bon achat. C'est une Pièce de la Vente. Il y a deux carats là-dedans.
— Allons-nous-en, B, murmurai-je. Ce type est abominable.
Tandis que nous reprenions le chemin de l'escalator, j'entendis un client demander au vendeur de l'autre comtoir :
— Vous voulez vraiment dire que vous risquez de ne pas en avoir d'autre avant trois ans ?
— C'est cela. Revenez dans trois ans.
— Mais le prix sera-t-il le même ?
— J'ignore si le prix sera le même *demain*.

Je m'engageai dans l'escalator, frustré qu'un vendeur m'eût empêché d'acheter.

— Comment se fait-il que tu aimes tant les bijoux, A ? demanda B.

— Je n'aime pas tellement les bijoux, en vérité. Allons plutôt acheter des protège-pieds du Dr Scholl. Les bijoux ne remplaceront jamais le Dr Scholl.

— Je préférerais avoir des bijoux, dit B.

— Pourquoi ?

— Parce qu'un diamant, c'est pour toujours, dit B.

— Pour toujours quoi faire ?

Impression réalisée sur CAMERON par

BUSSIÈRE CAMEDAN IMPRIMERIES

GROUPE CPI

à Saint-Amand-Montrond (Cher)
pour le compte des Éditions Flammarion
en janvier 2001

N° d'édition : FA190603. — N° d'impression : 010076/1.
Dépôt légal : janvier 2001.

Imprimé en France